start klar

Deutsch für Jugendliche
Handbuch B1

LMVZ

Autor
Claudio Nodari
(Institut für Interkulturelle Kommunikation)

Projektleitung LMVZ
Florian Gelzer
Beat Oderbolz
Natalie Peyer

Fachlektorat
Ana Iglesias

Gestaltung und Satz
l'équipe [visuelle] GmbH

Illustrationen
Kati Rickenbach

© 2020 Lehrmittelverlag Zürich
1. Auflage 2020
In der Schweiz klimaneutral gedruckt auf FSC-Recyclingpapier
ISBN 978-3-03713-804-5

www.lmvz.ch
Digitale Lehrmittelteile: digital.lmvz.ch

Das Werk und seine Teile sind urheberrechtlich geschützt.
Vervielfältigung oder Verbreitung jeder Art ist, auch auszugsweise,
nur mit vorheriger schriftlicher Genehmigung des Verlags gestattet.

 Koordination mit der
Interkantonalen Lehrmittelzentrale

Inhaltsverzeichnis

I Einleitung

1 Die Lehrwerkteile von *startklar* — 8
   1.1 Elemente für die Lernenden — 8
   1.2 Elemente für die Lehrperson — 9

2 Zielgruppe und Ziele des Lehrmittels — 10
   2.1 Lernende — 10
   2.2 Lehrpersonen — 11

3 Einsatz des Lehrmittels — 12
   3.1 Gliederung der Themeneinheiten — 12
   3.2 Curricularer Einsatz — 14
   3.3 Modularer Einsatz — 17

II Didaktische Grundlagen und Instrumente

4 Textkompetenz und Förderung der Schulsprache — 24
   4.1 Textkompetenz als Voraussetzung für den Schulerfolg — 24
      4.1.1 Alltagssprache versus Bildungssprache — 24
      4.1.2 Das Modell der Textkompetenz — 26
   4.2 Förderung der Schulsprache mit guten Aufgaben — 28
   4.3 Selbstständigkeit im Lernen — 29

5 Förderung der rezeptiven Kompetenzen — 31
   5.1 Hörverstehen — 33
      5.1.1 Vor dem Hören — 33
      5.1.2 Während dem Hören — 34
      5.1.3 Nach dem Hören — 35
      5.1.4 Hörverstehen testen — 35
   5.2 Leseverstehen — 35
      5.2.1 Vor dem Lesen — 36
      5.2.2 Während dem Lesen — 37
      5.2.3 Nach dem Lesen — 37
      5.2.4 Leseverstehen testen — 38

6 Förderung der produktiven Kompetenzen — 39
   6.1 Sprechen — 40
      6.1.1 Reproduktives Sprechen — 40
      6.1.2 Gelenktes Sprechen — 42
      6.1.3 Freies Sprechen — 44
      6.1.4 Korrektur von mündlichen Fehlern — 45
      6.1.5 Sprechen testen — 45

	6.2 Schreiben	45
	6.2.1 Reproduktives Schreiben	46
	6.2.2 Gelenktes Schreiben	46
	6.2.3 Freies Schreiben	46
	6.2.4 Korrektur von schriftlichen Fehlern	47
	6.2.5 Schreiben testen	48
7	**Wortschatzerwerb und Wortschatzarbeit**	49
	7.1 Umfang und Auswahl des Lernwortschatzes	49
	7.2 Wortfamilien und Ableitungen	50
	7.3 Wortschatztraining	51
	7.4 Wortschatz testen	52
8	**Grammatikerwerb**	53
	8.1 Grammatikthemen im Überblick	54
	8.2 Kriterien für gute Grammatikübungen	55
	8.3 Verbalbereich	56
	8.4 Satzbau	58
	8.5 Nominalbereich	59
	8.6 Regeln reflektieren	62
	8.7 Grammatik testen	62

III Übersichten zu den 10 Einheiten

1 Das ist mir wichtig	64
2 Wohnen	66
3 Lernen lernen	68
4 Ferien	70
5 Freundschaft und Beziehung	72
6 Was tut dir gut?	74
7 Vom Feld auf den Teller	76
8 Der Weg in die Berufswelt	78
9 Geschichten	80
10 Kreativität	82

In *startklar* verwendete Piktogramme

Track mit der Nummer T5 abspielen	🔊 T5
Zu zweit arbeiten	👥
In Gruppen arbeiten	👥
Auf ein separates Blatt schreiben	✏️
Im Arbeitsheft weiterarbeiten	🅰
Verweis auf Zusatzmaterial	🖥
Verweis (im Zusatzmaterial) auf Themenbuch	T
Lerntechnik «Hören und mitlesen» anwenden	
Lerntechnik «Auswendig lernen» anwenden	
Lerntechnik «Einen Vortrag üben» anwenden	

I Einleitung

startklar ist ein Deutschlehrmittel für die Sekundarstufe I und besteht aus den drei Niveaubänden A1, A2 und B1 gemäss dem Gemeinsamen Europäischen Referenzrahmen für Sprachen (GER). Die Teile A1 und A2 sind für neu zugezogene Jugendliche ohne Deutschkenntnisse bzw. mit Grundkenntnissen des Deutschen im Aufnahmeunterricht konzipiert. Der Teil B1 ist für den DaZ-Aufbauunterricht vorgesehen, kann aber auch im Regelklassenunterricht zur gezielten Förderung der schulsprachlichen Kompetenzen eingesetzt werden.

Mit *startklar* B1 bauen Jugendliche, die die Niveaustufe A2 erreicht haben, ihre Deutschkenntnisse weiter aus und erwerben gleichzeitig die grundlegenden schulsprachlichen Kompetenzen gemäss Lehrplan 21. *startklar* B1 kann somit sowohl als Hauptlehrmittel im Klassenunterricht in Klassen der Sekundarstufe I mit tieferem Anforderungsprofil eingesetzt werden als auch modular zur Aufarbeitung von schulsprachlichen Defiziten bei Jugendlichen mit Grundkenntnissen des Deutschen. Mit dem Niveauband B1 erreichen die Lernenden die für den Schulerfolg notwendigen Sprachkompetenzen gemäss Lehrplan 21.

1 Die Lehrwerkteile von *startklar*

Das gesamte Lehrmittel *startklar* umfasst die Niveaubände A1, A2 und B1.

Jeder Band ist gleich gegliedert und umfasst je ein Themenbuch, ein Arbeitsheft, digitale Angebote auf der Webplattform und ein Handbuch für die Lehrperson. Das Themenbuch und das Arbeitsheft sind die Leitmedien. Die zusätzlichen Materialien auf der Webplattform beziehen sich immer auf die Inhalte der Leitmedien.

1.1 Elemente für die Lernenden

Für die Lernenden bietet *startklar* B1 folgende Themen und Inhalte:

Themenbuch mit den 10 Themeneinheiten

1. Das ist mir wichtig
2. Wohnen
3. Lernen lernen
4. Ferien
5. Freundschaft und Beziehung
6. Was tut dir gut?
7. Vom Feld auf den Teller
8. Der Weg in die Berufswelt
9. Geschichten
10. Kreativität

Die Ziele und die Inhalte der einzelnen Themeneinheiten werden in Teil III des vorliegenden Handbuchs → S. 63 – 83 beschrieben.

Arbeitsheft mit Übungen zu den Inhalten der 10 Themeneinheiten

- Hör- und Leseverstehensaufgaben
- Sprech- und Schreibaufgaben
- Wortschatzarbeit
- Grammatikerklärungen und -übungen
- Lerntechniken

Die Aufgaben- und Übungstypen sowie die Variationsmöglichkeiten werden in Teil II des vorliegenden Handbuchs → S. 23 – 62 genauer beschrieben.

Materialien auf der Webplattform

- Audiodateien zum Themenbuch und zum Arbeitsheft
- Lösungen zu den Übungen im Themenbuch und im Arbeitsheft

Sämtliche Materialien können von der Webplattform heruntergeladen und offline genutzt werden. Der Zugang zur Webplattform für die Lernenden erfolgt im Internet mit einer Schülerlizenz über folgende Adresse: *digital.lmvz.ch*.

1.2 Elemente für die Lehrperson

Für Lehrpersonen steht abgesehen vom vorliegenden Handbuch auch ein reiches Angebot an Materialien auf der Webplattform zur Verfügung. Der Zugang erfolgt mit einer Lehrerlizenz über *digital.lmvz.ch*.

Zusatzmaterialien

In Ergänzung zu den Sachtexten im Themenbuch stehen für jede Einheit drei weitere Texte zum gleichen Themenbereich mit der entsprechenden Didaktisierung zur Verfügung. Dies ermöglicht einerseits eine Differenzierung gemäss den Sprachkompetenzen der Lernenden, andererseits den Einsatz der Texte als Gruppenpuzzle → Kap. 5.2. Zu jedem Sachtext wird zudem eine Anleitung zur Vorbereitung eines Vortrags angeboten → Kap. 6.2.2.

Tests zu jeder Themeneinheit mit den entsprechenden Lösungen

Mit den Tests wird überprüft, ob die Lernenden die Inhalte gewissenhaft und gut verarbeitet haben. Sämtliche Aufgaben stützen sich stark auf die behandelten Inhalte, sodass die Lernenden grundsätzlich keine Hilfsmittel benützen sollten. Allenfalls kann (bei sehr schwachen Lernenden) für die Produktion von eigenen Texten ein Wörterbuch (auch online) zugelassen werden. Alle Tests können entweder in einer Doppellektion oder in zwei einzelnen Lektionen durchgeführt werden. Die Lösungen der Tests sind als Orientierungshilfe für die Lehrperson gedacht. Sie können aber auch für die Selbst- oder Partnerkorrektur eingesetzt werden.

Wortschatzlisten zu den Themeneinheiten

Die Wortschatzlisten, eingeteilt nach Themeneinheiten und Unterkapiteln, sind als PDF- und als bearbeitbare Excel-Dateien vorhanden → Kap. 7.3.

Hörtexte als PDF-Dateien

Zu sämtlichen Audiodateien stehen die entsprechenden Transkriptionen der Hörtexte als PDF-Dateien zur Verfügung. Damit können Word-Dateien erstellt und für unterschiedliche Übungen eingesetzt werden, zum Beispiel Lesetexte für das Hören und Mitlesen, Lückentexte für das Hören und Schreiben oder Texte mit grösserer Schrift für leseschwache Lernende → Kap. 5.1.

Sämtliche Materialien können von der Webplattform heruntergeladen und offline genutzt werden.

2 Zielgruppe und Ziele des Lehrmittels

Die Zielgruppe sind Jugendliche, die mit gängigen Deutschlehrmitteln überfordert sind.

Die Zielgruppe von *startklar* B1 sind 13- bis 17-jährige Jugendliche, die entweder seit wenigen Jahren Deutsch lernen oder ganz allgemein eine Sprachkompetenz in der Schulsprache Deutsch aufweisen, die nicht den altersgemässen Erwartungen auf der Sekundarstufe I entspricht. Diese Jugendlichen sind in der Regel mit den Anforderungen in gängigen Deutschlehrmitteln der Sekundarstufe I überfordert. Die Wahl der Inhalte, die Festlegung der Spracherwerbsprogression und die Formen der Sprachverarbeitung in *startklar* B1 richten sich nach den Voraussetzungen dieser ‹sprachschwachen› Jugendlichen. Damit wird das Ziel verfolgt, die rezeptiven und produktiven Kompetenzen in der Schulsprache Deutsch weiter auszubauen und gleichzeitig die für den Schulerfolg notwendige Textkompetenz gezielt zu fördern.

2.1 Lernende

Jugendliche, die mit *startklar* B1 arbeiten, verfügen über Grundkenntnisse des Deutschen, sowohl in der Standardsprache als meist auch in der Mundart. Es sind Jugendliche, die mit *startklar* A1 und A2 gearbeitet haben und seit mindestens eineinhalb Jahren Deutsch lernen. Es sind aber auch Jugendliche in leistungsschwächeren Klassen der Sekundarstufe I, deren schulsprachliche Kompetenzen nicht den altersgemässen Erwartungen genügen. Sehr oft handelt es sich dabei um Jugendliche aus sozial benachteiligten Milieus, mit oder ohne Migrationshintergrund.

Jugendliche im Alter von 13 bis 17 Jahren entwickeln ein starkes Bedürfnis nach sozialen Kontakten mit Gleichaltrigen (= Peergroup). Sie suchen Freundschaften, möchten sich in einer Gruppe integriert fühlen, möchten dazugehören. Kennzeichnend für Peergroups sind ein Sprachverhalten und eine Sprache, die sich von denjenigen der Erwachsenen in verschiedener Hinsicht unterscheiden. In der Deutschschweiz bildet in der Regel die lokale Mundart die Basis für die Ausgestaltung von sogenannten Jugendsprachen, die regional unterschiedlich sein können. Jugendsprachen werden auf der Ebene des Wortschatzes mit meist aus dem Englischen übernommenen Wörtern angereichert (wie zum Beispiel *easy* für *kein Problem*; *chill's mal* für *beruhige dich* usw.) oder durch in anderer Bedeutung verwendete Mundartwörter charakterisiert (wie zum Beispiel *fix* für *klar/abgemacht*; *schüch* für *ein bisschen*; *schliift's?* für *das geht so nicht*). Auf der grammatikalischen Ebene zeichnen sich Jugendsprachen vor allem durch Verkürzungen aus (wie zum Beispiel *Chani Gummi?* für *Kann ich den Gummi haben/ausleihen?*). Auf der nonverbalen Ebene zeichnen sich Jugendsprachen durch eine bestimmte Gestik und Mimik aus, die meist von Vorbildern aus dem Musikbereich übernommen werden.

Jugendsprache ist ein gängiges Phänomen. Jugendliche müssen sie allerdings als eine spezielle Sprachform wahrnehmen.

Jugendsprachen sind seit jeher eine natürliche Erscheinung in allen Sprachen und bilden an und für sich kein Problem für die Entwicklung der Sprachkompetenz von Heranwachsenden. Wesentlich ist jedoch das Bewusstsein der Jugendlichen, dass der Sprachgebrauch ausserhalb der Schule anders ist als im Unterricht.

Für die schulische Sprachförderung bedeutet dies, dass einerseits auf Unterschiede zwischen der mundartlichen Jugendsprache und der Alltagssprache hingewiesen werden soll, ohne aber Ausdrücke aus der Jugendsprache abschätzig zu bewerten. Dazu bedarf es punktuell nur weniger Minuten, zum Beispiel um *schüch* zu erklären. Andererseits gilt es, die Unterschiede zwischen der gesprochenen Alltagssprache und der geschriebenen Schulsprache bewusst zu machen. Dies erfolgt vor allem anhand der von den Lernenden geschriebenen Texte, in denen Formen der Mündlichkeit und Mundartausdrücke vorkommen → Kap. 6.2.

Viele Jugendliche in leistungsschwächeren Klassen der Sekundarstufe I erleben die Arbeit an der Sprache als mühevoll und wenig ergiebig. Sie erkennen oft nicht, was sie genau lernen sollen und wozu es nützlich ist. Auch die Fortschritte sind für sie kaum wahrnehmbar. Dies führt zwangsläufig zu Demotivation und Resignation. *startklar* B1 berücksichtigt diese Tatsache in zweifacher Hinsicht.

> Motivation zum Lernen entsteht durch Aufgabenstellungen, die zu guten Leistungen führen.

Einerseits bietet *startklar* B1 durchgehend Aufgabenstellungen mit allen nötigen Unterstützungen, damit die Lernenden eine wahrnehmbar bessere Leistung erzielen können, als sie selbst erwarten würden. Sämtliche Aufgabenstellungen bieten ein Gerüst, mit dem sich die Aufgabe einfacher lösen lässt. Im Hör- und im Leseverstehen sind es gezielte Aufgaben, die durch den Text führen und das Verständnis der Textinhalte schrittweise aufbauen → Kap. 5. Im Sprechen und im Schreiben sind es Mustertexte, Textstrukturen und Textbausteine, die den Lernenden alle nötigen Elemente für den Bau des eigenen Textes liefern → Kap. 6. Sogenannte gute Aufgaben ermöglichen gute Leistungen, was sich auf die Lernenden motivierend auswirkt → Kap. 4.2.

> Die Sprechgeläufigkeit in der Standardsprache ist die Grundlage für den Erwerb der schulsprachlichen Kompetenzen.

Andererseits bietet *startklar* B1 viele mündliche Übungsmöglichkeiten. Damit werden die Jugendlichen in dem sprachlichen Medium gefördert, das sie bevorzugen. Sie lernen Dialoge auswendig, sie spielen sogenannte Wechselspiele, halten Vorträge, diskutieren über lebensnahe Themen. Die Jugendlichen entwickeln so eine Sprechgeläufigkeit in der Standardsprache, die für die Entwicklung der vom Lehrplan 21 geforderten schulsprachlichen Kompetenzen grundlegend ist → Kap. 6.1.

Diese Voraussetzungen bilden den Ausgangspunkt für die thematische und sprachdidaktische Gestaltung des gesamten Lehrmittels sowie für die Wahl sämtlicher Inhalte von *startklar* B1.

2.2 Lehrpersonen

Lehrpersonen, die mit *startklar* arbeiten, haben unterschiedliche didaktische Qualifizierungen. Im DaZ-Unterricht haben die meisten Lehrpersonen eine spezifische DaZ-Ausbildung absolviert. Sie erkennen die zweitsprachdidaktischen Ansätze, die hinter allen Inhalten von *startklar* stehen.

In leistungsschwächeren Regelklassen unterrichten dagegen Deutschlehrpersonen, die vor allem eine erstsprachdidaktische Ausbildung haben. Sie kennen die didaktischen Ansätze für Deutsch als Erstsprache und auch die entsprechenden Deutschlehrmittel. Diese Lehrpersonen erkennen aber nicht immer, was sprachschwache Jugendliche benötigen, um in ihren Sprachkompetenzen wahrnehmbare Fortschritte zu erzielen.

> Die Aufgabenstellungen in *startklar* B1 enthalten alle notwendigen Angaben für eine effiziente Spracharbeit.

Das gesamte Lehrmittel *startklar* wurde deshalb so konzipiert, dass auch Lehrpersonen ohne DaZ-didaktische Ausbildung damit erfolgreich arbeiten können. Insbesondere wurde auf eine möglichst präzise Formulierung der Aufgabenstellungen geachtet. Die Aufgabenstellungen sollten alle notwendigen Informationen und Elemente enthalten, damit eine effiziente Spracharbeit stattfinden kann.

> *startklar* B1 hat eine weiterbildende Funktion in Bezug auf den Deutschunterricht mit sprachschwachen Lernenden.

Die Aufgabenstellungen bilden den Ausgangspunkt für die Spracharbeit. Alle Lehrpersonen können somit unmittelbar mit dem Themenbuch und dem Arbeitsheft den Unterricht vorbereiten, durchführen und nachbereiten. Im vorliegenden Handbuch finden sich zudem sprachdidaktische Erläuterungen sowie zusätzliche Anregungen für die Umsetzung. Insofern hat *startklar* – wie jedes Lehrmittel – auch eine weiterbildende Funktion. Durch den Einsatz im Unterricht und durch die Verarbeitung der Erfahrungen entwickeln die Lehrpersonen das notwendige didaktische Know-how für den Deutschunterricht mit sprachschwachen Lernenden.

3 Einsatz des Lehrmittels

Mit *startklar* B1 steht ein vielfältiges didaktisches Instrument zur Verfügung, das in unterschiedlichen Lernsettings einsetzbar ist.

In leistungsschwächeren Regelklassen kann *startklar* B1 als Deutschlehrmittel in der ersten Hälfte der Sekundarstufe I eingesetzt werden. Durch den curricularen Einsatz der 10 Themeneinheiten erreichen die Lernenden eine schulsprachliche Kompetenz, die im zweiten bzw. dritten Schuljahr den Einsatz eines erstsprachlichen Deutschlehrmittels ermöglicht.

startklar B1 kann in einer Regelklasse auch modular zur Förderung eines Kompetenzbereichs eingesetzt werden. Dazu werden während eines halben oder ganzen Schuljahrs wöchentlich zwei Lektionen zum Beispiel für die Förderung des Leseverstehens reserviert. Aus *startklar* B1 werden dann die entsprechenden Inhalte bearbeitet.

Im DaZ-Aufbauunterricht können ganze Einheiten curricular durchgearbeitet werden. Dies ist vor allem mit Lernenden sinnvoll, die aus unterschiedlichen Klassen stammen. Mit Lernenden aus der gleichen Klasse kann der DaZ-Aufbauunterricht in Absprache mit der Deutschlehrperson auch modular einen spezifischen Kompetenzbereich fokussieren.

Damit diese unterschiedlichen Einsatzmöglichkeiten besser erkennbar sind, werden im Folgenden die Architektur von *startklar* B1 im Einzelnen sowie der curriculare und der modulare Einsatz beispielhaft dargestellt.

3.1 Gliederung der Themeneinheiten

Die Einheiten in *startklar* sind thematisch nach dem Spiralprinzip aufgebaut, das heisst, dass die Themen aus *startklar* A1 und A2 in *startklar* B1 wieder aufgenommen, erweitert und vertieft werden. Die folgende Übersicht veranschaulicht den thematischen Aufbau.

	A1	A2	B1
Einheit 1	Erste Kontakte	Selbstporträt	Das ist mir wichtig
Einheit 2	Im Klassenzimmer	Meine Umgebung	Wohnen
Einheit 3	In der Schule	Lernen	Lernen lernen
Einheit 4	Freizeit	Hobbys	Ferien
Einheit 5	Meine Familie – deine Familie	Lebensformen und Familien	Freundschaft und Beziehung
Einheit 6	Wie geht's?	Alles okay?	Was tut dir gut?
Einheit 7	Feste und Anlässe	Lebensmittel	Vom Feld auf den Teller
Einheit 8	Berufe und Berufswunsch	Berufsbildung und Studium	Der Weg in die Berufswelt
Einheit 9	Digitale Medien	News!	Geschichten
Einheit 10	Aussehen und Mode	Kultur und Unterhaltung	Kreativität

Im DaZ-Unterricht werden die Inhalte des Klassenunterrichts vorbearbeitet, damit DaZ-Lernende vom Klassenunterricht mehr profitieren können.

Der senkrechte Pfeil in der Tabelle veranschaulicht den curricularen Einsatz. Dabei werden die Themeneinheiten der Reihe nach durchgearbeitet. Dieser Einsatz empfiehlt sich in einer Regelklasse mit einem relativ hohen Sprachförderbedarf. Gegebenenfalls koordinieren die Deutschlehrperson und die DaZ-Lehrperson ihren Unterricht so, dass die DaZ-Lehrperson vor allem die Inhalte der Themenarbeit vorbearbeitet. Auf diese Weise profitieren die DaZ-Lernenden mehr, wenn dann die Inhalte mit der ganzen Klasse durchgenommen werden. Voraussetzung für einen curricularen Einsatz ist ein persönliches Exemplar von *startklar* B1 für alle Lernenden.

Der waagrechte Pfeil in der Tabelle veranschaulicht einen möglichen modularen Einsatz im DaZ-Aufbauunterricht oder in einer Regelklasse. Dabei kann ein spezifisches Thema – zum Beispiel das Thema *Lernen* – anhand der zwei Themeneinheiten aus *startklar* A2 und B1 behandelt werden. Mit der Einheit 3 aus *startklar* A2 wird das Thema auf einem sprachlich tieferen Niveau bearbeitet und mit der Einheit 3 aus B1 auf sprachlich anspruchsvollerem Niveau erweitert und vertieft.

> **Parallele Themeneinheiten aus *startklar* A1, A2 und B1 können als Vorbereitung für die Bearbeitung des gleichen Themas in der Regelklasse genutzt werden.**

Dazu ein weiteres Beispiel: In der 2. Klasse der Sekundarstufe I ist die Berufswahl ein wichtiges Thema. Viele Jugendliche in Klassen mit einem tieferen Anforderungsprofil sind mit diesem Thema sprachlich überfordert. Am Ende der 1. Klasse und/oder am Anfang der 2. Klasse können deshalb die Einheiten 8 von *startklar* A1, A2 und B1 mit der ganzen Klasse oder mit einer Lerngruppe im DaZ-Aufbauunterricht eingehend bearbeitet werden, sodass die Schülerinnen und Schüler das notwendige Hintergrundwissen über Berufe und den spezifischen Wortschatz für die vertiefte Behandlung des Themas zur Verfügung haben.

> **Für den modularen Einsatz bedarf es mindestens eines Klassensatzes aller Teile des Lehrmittels.**

In Kap. 3.3 werden weitere Möglichkeiten für einen modularen Einsatz in Bezug auf einen Kompetenzbereich skizziert. Voraussetzung für den modularen Einsatz ist ein Klassensatz des gesamten Lehrmittels.

Alle Themeneinheiten von *startklar* sind nach dem gleichen Prinzip aufgebaut. Sie sind in sechs Bereiche mit je einer Doppelseite im Themenbuch und den dazugehörigen Übungs- und Vertiefungsangeboten im Arbeitsheft sowie in den Zusatzmaterialien aufgeteilt:

zur Förderung der rezeptiven Kompetenzen,

1. Hörverstehen
2. Leseverstehen

zur Förderung der produktiven Fertigkeiten

3. Dialogisches Sprechen
4. Monologisches Sprechen
5. Schreiben

und zur gezielten Vermittlung von Wissen über die Schweiz.

6. Landeskunde

Die Einheit 8 von *startklar* B1 ist zum Beispiel wie folgt gegliedert:

Einheit 8 Der Weg in die Berufswelt

1. **Hörverstehen**
   Ein längeres Interview mit zwei Ausbildenden, in dem das Selektionsverfahren und die Selektionskriterien bei der Auswahl einer Kandidatin bzw. eines Kandidaten beschrieben werden

2. **Leseverstehen**
   Ein Zeitungsbericht über Lehrabbrüche und Möglichkeiten des Wechsels einer Lehrstelle

3. **Dialogisches Sprechen**
   Ein längeres Bewerbungsgespräch für eine Lehrstelle als Logistiker

4. **Monologisches Sprechen**
   Anleitung zur Vorbereitung eines Vortrags über Lehrabbrüche und zur Recherche zusätzlicher Informationen

Einleitung

5. Schreiben
Bewerbung für eine Lehrstelle mit zwei Mustertexten und Anleitungen für einen eigenen Brief

6. Landeskunde
Auszüge aus einer Informationsbroschüre zu Rechten und Pflichten in der Lehre

Die Gliederung der Einheiten entspricht der Einteilung in Kompetenzbereiche im Lehrplan 21 und ermöglicht sowohl einen curricularen als auch einen modularen Einsatz des Lehrmittels, wie in den folgenden zwei Unterkapiteln genauer beschrieben wird.

3.2 Curricularer Einsatz

Der curriculare Einsatz von *startklar* B1 ist vor allem für Regelklassen mit zusätzlichem DaZ-Aufbauunterricht angezeigt. Die Themeneinheiten werden dabei in den Deutschlektionen mit der ganzen Klasse durchgenommen, während im DaZ-Unterricht die Inhalte vorbereitend bearbeitet werden.

Hörverstehen

Der Einstieg in das Thema einer Einheit erfolgt im Themenbuch auf der ersten Doppelseite mit einem längeren Hörtext und den dazugehörigen Verstehensaufgaben. Dabei handelt es sich um Vorträge oder Interviews von ca. 10 Minuten Länge. Damit eine effiziente Arbeit mit diesen anspruchsvollen Texten möglich wird, braucht es immer eine entsprechende Einführung in das Thema, eine sogenannte Vorentlastung → Kap. 5.1.1 . Im DaZ-Aufbauunterricht kann der Hörtext zusätzlich durch eine gezielte Wortschatzarbeit und durch die vorausgehende Bearbeitung des ersten Teils des Hörtextes vorentlastet werden.

Leseverstehen

Auf der folgenden Doppelseite wird das Thema anhand eines längeren Sachtextes erweitert, der als Faksimile eines Zeitschriftenartikels dargestellt ist. Die Aufgabenstellungen auf der linken Seite führen die Lesenden durch den Text, wobei die ersten zwei Aufgaben jeweils der Vorentlastung dienen → Kap. 5.2.1 . Im DaZ-Aufbauunterricht kann der Text vorgängig bearbeitet werden, sodass die DaZ-Lernenden die Aufgaben im Klassenunterricht selbstständig bearbeiten können.

Im Zusatzmaterial finden sich zum gleichen Themenbereich drei weitere Texte mit den entsprechenden Leseaufträgen. Diese können entweder von lesestärkeren Lernenden bearbeitet oder für ein Gruppenpuzzle eingesetzt werden. Beim Gruppenpuzzle setzen sich vier Lernende mit je einem Text auseinander und tauschen sich anschliessend über die Inhalte mündlich aus → Kap. 5.2 .

Dialogisches Sprechen

Die produktiven Kompetenzen Sprechen und Schreiben stehen auf den nachfolgenden Doppelseiten des Themenbuches im Vordergrund. In einem ersten Schritt wird das dialogische Sprechen anhand von Dialogen zum Auswendiglernen → Kap. 6.1.1 und zum Variieren → Kap. 6.1.2 gefördert. Dabei geht es um den Aufbau von Sprechroutinen mit korrekten Formulierungen und um die Festigung des produktiven Wortschatzes. Die Dialoge beziehen sich inhaltlich auf die zuvor behandelten Hör- und Lesetexte.

Im DaZ-Aufbauunterricht kann das Auswendiglernen des Dialogs intensiv geübt werden, sodass die DaZ-Lernenden mögliche fossilierte Sprechfehler korrigieren können. Fossilierte Sprechfehler werden sichtbar bzw. hörbar, wenn Lernende eine falsche Form lesen oder sprechen, obwohl sie im schriftlichen Dialog die korrekte Form einfach lesen könnten. Es empfiehlt sich hier der Einsatz von Ton- oder Videoaufnahmen, mit denen die gesprochenen Texte mit dem geschriebenen Text verglichen werden können und die Korrektheit des Gesprochenen überprüft werden kann → Kap. 6.1.4.

Monologisches Sprechen

In einem zweiten Schritt wird das monologische Sprechen mit Vorträgen gefördert. Dabei geht es auf der sprachlichen Ebene um die Verinnerlichung einer bestimmten Textstruktur und somit um die Förderung der Textkompetenz → Kap. 4 sowie um das Einüben von Chunks, das heisst häufig vorkommenden fixen Wortketten mit den entsprechenden, korrekten sprachlichen Formen → Kap. 8.2. Auf der Ebene der Selbstkompetenzen geht es um den Aufbau von Selbstsicherheit und Auftrittskompetenz.

In *startklar* B1 beziehen sich die Vorträge auf die Sachtexte, die anhand der Leseaufträge eingehend bearbeitet wurden. Sprachschwächere Lernende bereiten ihren Vortrag aufgrund des Sachtextes im Themenbuch vor. Für die sprachstärkeren stehen jeweils drei Texte aus dem Zusatzmaterial zur Verfügung. Zudem gibt es im Zusatzmaterial einen Rückmeldungsbogen, mit dem die Zuhörenden differenzierte Rückmeldungen zu den Vorträgen geben können. Es empfiehlt sich, diese Rückmeldungsbogen beim ersten Einsatz sorgfältig einzuführen und die Rückmeldungssätze einzuüben, sodass die nachfolgenden Rückmeldungssequenzen routiniert ablaufen und die Formulierungen korrekt memoriert werden können.

Schreiben

Analog zum monologischen Sprechen fördern die Doppelseiten zum Schreiben die Textkompetenz. Dazu werden eine klare Textstruktur und ein oder zwei Beispieltexte vorgegeben. Durch das Formulieren eines Paralleltextes werden sowohl grammatikalische Formen als auch die Rechtschreibung trainiert → Kap. 8.1.

Landeskunde

Die abschliessende Doppelseite einer Themeneinheit kann je nach Lerngruppe ausführlich oder nur kurz behandelt werden. Vor allem bei lernstarken Schülerinnen und Schülern lohnt es sich, diese Seiten eingehend zu bearbeiten, damit – abgesehen von den schweizspezifischen Inhalten – vor allem der rezeptive und inhaltsorientierte Gebrauch der Sprache noch stärker zum Zuge kommt.

Jede Themeneinheit kann in rund 30 Lektionen und etwa 5 bis 10 Stunden Selbststudium bearbeitet werden. Die Verteilung der Inhalte auf die Lektionen und das Selbststudium hängen massgeblich von der Lektionenzahl und von den individuellen Voraussetzungen der Lernenden ab. Die 10 Themeneinheiten von *startklar* B1 liefern in jedem Fall Unterrichtsmaterial für 400 bis 600 Lernstunden, was dem Lernpensum für die Niveaustufe B1 gemäss dem Gemeinsamen Europäischen Referenzrahmen für Sprachen (GER) entspricht.

Für die Lernmotivation lohnt es sich, manche Inhalte vertieft zu bearbeiten, andere wegzulassen.

In Regelklassen können die 10 Themeneinheiten von *startklar* B1 im Deutschunterricht in eineinhalb Schuljahren durchgearbeitet werden (= ca. 60 Schulwochen). Für jede Themeneinheit stehen somit rund 6 Wochen mit je 4 bis 5 Deutschlektionen zur Verfügung (total 24 bis 30 Lektionen). Je nach Sprachstand der Lernenden und Tiefe der Verarbeitung der Inhalte können die Einheiten auch mit weniger Lektionen und Selbststudium bearbeitet werden. Das bedeutet, dass je nach Voraussetzungen nicht immer alle Lehrmittelinhalte eingehend bearbeitet werden können. Für die Lernmotivation ist es von Vorteil, wenn einzelne Inhalte vertieft bearbeitet, andere dagegen nur gestreift oder gar weggelassen werden.

Im Folgenden wird der Unterrichtsablauf im curricularen Einsatz anhand der Einheit 8 von *startklar* B1 beispielhaft skizziert.

Curricularer Einsatz

startklar B1	Inhalte und Aufgaben	Individuelle Arbeiten
Einheit 8: Der Weg in die Berufswelt	**Total 30 Lektionen**	**Total 5 – 10 Stunden**
Hörverstehen Auf dem Weg zur Lehrstelle	2 Lektionen – mündlich besprechen, was ein Bewerbungsdossier und ein Bewerbungsgespräch sind und worauf es dabei ankommt – Begriffe in Aufgabe 1 zuordnen und zusätzliche Begriffe ergänzen – den Kontext des Hörtextes vorentlastend klären – den ersten Teil des Hörtextes zweimal hören und Aufgabe 2 lösen – Aufgaben 3 bis 7 lösen – im Arbeitsheft die Einschätzungen des Berufsausbildenden lesen, eventuell neue Begriffe klären – zu zweit oder zu dritt aushandeln, welche Person am besten für den Coiffeurberuf geeignet ist – die Bedeutung der Verben mit festen Verbindungen klären und den Lückentext ausfüllen – den ausgefüllten und korrigierten Lückentext zu zweit vorlesen, wobei die zuhörende Person eventuelle Lesefehler korrigiert	
Leseverstehen Berufswahl und berufliche Grundbildung	6 Lektionen – Titel genau verstehen – anhand des Titels und des Bildes das vorhandene Wissen über Probleme in der Lehre aktivieren – Stichworte sammeln und nach der Besprechung ergänzen – die weiteren Aufgaben lösen – im Arbeitsheft die Logik des Futurs II anhand des Textes in Aufgabe 1 veranschaulichen und kommentieren – die Aufgabe 2 selbstständig lösen und mit den Lösungen korrigieren – Paradigmen der Verben mit Futur I und II laut lesen – die Grammatikerklärungen in Aufgabe 3 verstehen	1 Stunde – Wörter mit Wortschatzliste lernen
Dialogisches Sprechen Das Bewerbungsgespräch	6 Lektionen – über die Ziele eines Bewerbungsgespräches sprechen – Aspekte sammeln, die einen guten bzw. schlechten Eindruck machen, und mit Aufgabe 1 im Hörverstehen vergleichen – das ganze Bewerbungsgespräch hören und mitlesen – nicht verstandene Stellen klären – zu dritt das Gespräch mit verteilten Rollen lesen – Aufgabe 2 lösen und besprechen und die Antworten begründen – zu dritt einen Paralleldialog schreiben und nach der Korrektur als Theaterszene vorspielen – evtl. Rückmeldungen durch die Zuhörenden geben lassen (siehe Rückmeldungsblatt im Zusatzmaterial) – im Arbeitsheft die Kapitel «Zeitenfolge» und «Satzanalyse: Vertiefung» bearbeiten	1 Stunde – eigenen Dialog auswendig lernen
Monologisches Sprechen Vortrag: Wenn es in der Lehre nicht läuft	6 Lektionen – den bearbeiteten Lesetext nochmals lesen – Powerpoint-Folien vorbereiten, die Zwischentitel und die Stichworte auf die Folien schreiben – zusätzliche Informationen recherchieren – Vortragstext anhand des Scaffolds schreiben und korrigieren – Vortrag einüben und halten – Rückmeldungen notieren und mündlich geben	1 Stunde – Vortrag einüben

Schreiben	Meine Bewerbung für eine Lehrstelle	6 Lektionen – Briefe anschauen und den Aufbau erkennen – zu zweit je einen Brief lesen und die Informationen gegenseitig austauschen – Briefe tauschen und selbst lesen – zu zweit unbekannte Wörter klären – Abschnitte gemäss den Farben in Aufgabe 2 markieren – im Arbeitsheft die Kapitel «Passt das?» und «Meine Bewerbung für eine Lehrstelle» bearbeiten	2 Stunden – Wörter lernen – Bewerbungsbrief fertig schreiben
Landeskunde	Meine Rechte und Pflichten in der Lehre	4 Lektionen – Stichworte zu «Rechte und Pflichten in der Lehre» sammeln – den ersten Abschnitt des Textes lesen und Stichworte ergänzen – die neun Abschnitte in neun Gruppen so bearbeiten, dass die Gruppen den Inhalt mündlich erklären können – im Arbeitsheft das Kapitel «Meine Rechte und Pflichten in der Lehre» bearbeiten	5 Stunden – gemäss Anleitung im Internet recherchieren – Präsentationstext schreiben

3.3 Modularer Einsatz

Ein modularer Einsatz von *startklar* B1 ist angezeigt in Regelklassen mit tiefem Anforderungsprofil, in Koordination mit dem DaZ-Aufbauunterricht oder bei der selbstständigen Arbeit in Ateliers. Das Ziel ist es, einen schulsprachlichen Kompetenzbereich, in dem die Lernenden einen besonderen Förderbedarf aufweisen, zu fokussieren und den Lernenden wahrnehmbare Fortschritte zu ermöglichen. Bei einem modularen Einsatz von *startklar* werden nur einzelne Teile aus dem Lehrmittel genutzt. In diesem Fall lohnt sich ein Klassensatz des Lehrmittels, in den die Lernenden nicht hineinschreiben dürfen.

Es bestehen mehrere Möglichkeiten, *startklar* zur intensiven Förderung eines Kompetenzbereichs zu nutzen.

1. Intensive Schreibförderung mit der ganzen Klasse

Im Lehrplan 21 wird der Schreibkompetenz ein grosser Stellenwert beigemessen, nicht zuletzt, weil diese für den Schulerfolg massgebend ist. Im Kompetenzbereich *Schreiben* wird deshalb allein der Schreibprozess in vier Handlungs-/Themenaspekte unterteilt:

- Ideen finden und planen
- formulieren
- inhaltlich überarbeiten
- sprachformal überarbeiten

Bei schwach ausgeprägten Schreibkompetenzen empfiehlt sich ein intensives Schreibtraining über mehrere Monate.

Mit dem Handlungsaspekt «Ideen finden und planen» signalisiert der Lehrplan 21, dass die Lernenden vor allem Texte schreiben sollen, die zwar thematisch und gemäss der Textsorte definiert, inhaltlich aber von den Lernenden zu gestalten sind. Diese müssen für ihren Text thematisch passende Ideen finden und den Text entsprechend planen bzw. strukturieren. In Sekundarklassen mit tiefem Anforderungsprofil sind die Lernenden oft schon mit dem Finden von Ideen, vor allem aber mit dem Planen eines Textes überfordert. Ihre Texte fallen aus diesem Grund eher dürftig aus. Sie sind meist stark von der Mündlichkeit geprägt, reduziert im Wortschatz, enthalten Gedankensprünge und viele Schreibfehler. In diesen Fällen ist ein intensives Schreibtraining angezeigt, das sich an didaktische Ansätze des Fremdsprachenunterrichts anlehnt → **Kap. 6.2**.

Einleitung

Der folgende Ablaufplan zeigt, wie mit *startklar* B1 ein 22-wöchiges Intensivtraining zum Schreiben mit wöchentlich zwei Lektionen und einer Stunde Selbststudium gegliedert sein könnte.

Modularer Einsatz

startklar B1		Inhalte und Aufgaben	Individuelle Arbeiten
		Total 44 Lektionen	**Total 10 Stunden**
Schreiben	Einheit 1: **Das ist mir wichtig**	4 Lektionen	1 Stunde
		Einführung – über die Ziele und das Vorgehen der intensiven Schreibförderung informieren – das Korrekturverfahren mit der Persönlichen Schreib-Checkliste (PSC) und den Lernsätzen genau erklären → **Kap. 6.2.4** – erklären, dass die Lernsätze als Prüfungen gelten – PSC mit den Minimalzielen austeilen Selbstporträt – über Sinn und Zweck eines Selbstporträts sprechen – über persönliche Eigenschaften sprechen und das entsprechende Kapitel im Arbeitsheft bearbeiten – Mustertext hören/lesen und Aufgaben 2–4 lösen – Aufgabe 5 genau erklären – eigenen Text schreiben und mit der PSC korrigieren – Texte nach der vollständigen Korrektur aushängen und lesen	– begonnenen Text am Computer fertig schreiben und zur Korrektur an die Lehrperson schicken
	Einheit 2: **Wohnen**	4 Lektionen	1 Stunde
		Korrektur – Lernsätze aus dem ersten Text austeilen – PSC ergänzen Pro und contra Einfamilienhäuser – über Wohnverhältnisse sprechen und Stichworte zur Aufgabe 1 sammeln – Pro- und Contra-Texte lesen und kommentieren. – Pro- und Contra-Argumente in den Texten markieren – Mustertext lesen und Aufgabe 5 lösen – eigenen Text schreiben und mit der PSC korrigieren	– begonnenen Text am Computer fertig schreiben und zur Korrektur an die Lehrperson schicken – Lernsätze aus dem ersten Text auswendig schreiben lernen
	Einheit 3: **Lernen lernen**	4 Lektionen	1 Stunde
		Korrektur – Lernsätze aus dem ersten Text als Prüfung schreiben – PSC ergänzen – Lernsätze zum zweiten Text austeilen Lerntagebuch – über Sinn und Zweck von Lerntagebüchern sprechen – Mustertext lesen und Aufgabe 2 lösen – eigenen Lerntagebucheintrag schreiben und mit der PSC korrigieren	– begonnenen Text am Computer fertig schreiben und zur Korrektur an die Lehrperson schicken – Lernsätze aus dem zweiten Text auswendig schreiben lernen

Schreiben

Einheit 4: **Ferien**	4 Lektionen	1 Stunde
	Korrektur – Lernsätze aus dem zweiten Text als Prüfung schreiben – PSC ergänzen – Lernsätze zum dritten Text austeilen Längere Sommerferien – ein kontroverses Thema – Meinungen zu längeren Sommerferien sammeln – Vermutungen zum Radiobeitrag formulieren und in Stichworten notieren – Radiobeitrag hören und mit den Vermutungen vergleichen – Radiobeitrag nochmals hören und die Dauer der Sommerferien in den verschiedenen Ländern notieren – Radiobeitrag nochmals hören, die Pro- und Contra-Argumente notieren – eine Stellungnahme gemäss Aufgabe 4 schreiben und mit der PSC korrigieren	– begonnenen Text am Computer fertig schreiben und zur Korrektur an die Lehrperson schicken – Lernsätze aus dem dritten Text auswendig schreiben lernen

Einheit 5: **Freundschaft und Beziehung**	4 Lektionen	1 Stunde
	Korrektur – Lernsätze aus dem dritten Text als Prüfung schreiben – PSC ergänzen – Lernsätze zum vierten Text austeilen Beste Freundinnen und Freunde – über Freundschaften sprechen (Was ist in einer Freundschaft wichtig?) – Mustertexte lesen und Aufgaben 2 und 3 lösen – eigenen Text schreiben und mit der PSC korrigieren – Texte nach der vollständigen Korrektur aushängen und lesen	– begonnenen Text am Computer fertig schreiben und zur Korrektur an die Lehrperson schicken – Lernsätze aus dem vierten Text auswendig schreiben lernen

Einheit 6: **Was tut dir gut?**	4 Lektionen	1 Stunde
	Korrektur – Lernsätze aus dem vierten Text als Prüfung schreiben – PSC ergänzen – Lernsätze zum fünften Text austeilen Den eigenen Körper gestalten – über Sinn und Zweck von Piercing, Tattoos, Haarstyling usw. sprechen – im Arbeitsheft das Kapitel «Würdest du das tun?» bearbeiten – den Mustertext lesen und die Abschnitte analysieren – eigenen Text gemäss Anleitung schreiben und mit der PSC korrigieren	– begonnenen Text am Computer fertig schreiben und zur Korrektur an die Lehrperson schicken – Lernsätze aus dem fünften Text auswendig schreiben lernen

Einheit 7: **Vom Feld auf den Teller**	4 Lektionen	1 Stunde
	Korrektur – Lernsätze aus dem fünften Text als Prüfung schreiben – PSC ergänzen – Lernsätze zum sechsten Text austeilen Pro und contra Fertiggerichte – über Essgewohnheiten und Fertiggerichte sprechen – Pro- und Contra-Texte lesen und kommentieren – Pro- und Contra-Argumente in den Texten markieren – Mustertext lesen und Aufgabe 5 lösen – eigenen Text schreiben und mit der PSC korrigieren – Texte nach der vollständigen Korrektur aushängen und lesen – evtl. im Arbeitsheft das Kapitel «Pro und contra vegane Ernährung» bearbeiten	– begonnenen Text am Computer fertig schreiben – ein Bild des Gerichts suchen und im Text integrieren – Text mit Bild zur Korrektur an die Lehrperson schicken – Lernsätze aus dem sechsten Text auswendig schreiben lernen

Schreiben	Einheit 8: **Der Weg in die Berufswelt**	6 Lektionen	1 Stunde
		Korrektur – Lernsätze aus dem sechsten Text als Prüfung schreiben – PSC ergänzen – Lernsätze zum siebten Text austeilen Meine Bewerbung für eine Lehrstelle – über die Wirkung von formalen Briefen sprechen – im Arbeitsheft das Kapitel «Passt das?» bearbeiten – Musterbriefe lesen und analysieren – im Arbeitsheft das Kapitel «Meine Bewerbung für eine Lehrstelle» bearbeiten und eigenen Bewerbungsbrief mit der PSC korrigieren – nach der Korrektur den Brief vorlesen und Rückmeldungen entgegennehmen – Rückmeldungen zum Text verarbeiten	– begonnenen Text am Computer fertig schreiben und Text zur Korrektur an die Lehrperson schicken – Lernsätze aus dem siebten Text auswendig schreiben lernen
	Einheit 9: **Geschichten**	6 Lektionen	1 Stunde
		Einführung – Lernsätze aus dem siebten Text als Prüfung schreiben – PSC ergänzen – Lernsätze zum achten Text austeilen Über einen Kurzfilm schreiben – den Kurzfilm *Schwarzfahrer* schauen – die Zusammenfassung und die Stellungnahme lesen und analysieren – im Arbeitsheft die Kapitel «Und dann … und dann … und dann …» und «Über einen Kurzfilm schreiben» bearbeiten – den Kurzfilm *The Cookie Thief* schauen – eigenen Text schreiben und mit der PSC korrigieren	– begonnenen Text am Computer fertig schreiben und Text zur Korrektur an die Lehrperson schicken – Lernsätze aus dem achten Text auswendig schreiben lernen
	Einheit 10: **Kreativität**	4 Lektionen	1 Stunde
		Einführung – Lernsätze aus dem achten Text als Prüfung schreiben – PSC ergänzen – Lernsätze zum neunten Text austeilen Eine Liebesgeschichte – Liebesgeschichte lesen und analysieren – eine Situation wählen und das Ende der Geschichte mündlich erzählen – das Ende der Geschichte schreiben und mit der PSC korrigieren – Texte nach der vollständigen Korrektur der Klasse vorlesen – Lernsätze aus dem neunten Text als Prüfung schreiben	– begonnenen Text am Computer fertig schreiben und Text zur Korrektur an die Lehrperson schicken – Text mit Bildern des Stars ergänzen und zu einem Aushang gestalten – Lernsätze aus dem neunten Text auswendig schreiben lernen

Natürlich kann dieses Training auch mit weiteren Schreibaufträgen weitergeführt werden, vor allem dann, wenn die erreichten Schreibkompetenzen noch nicht den lehrplanmässigen Grundkompetenzen entsprechen. Wichtig ist, dass die Lernenden ihre Texte immer anhand von Mustertexten und Scaffolds schreiben können → **Kap. 6.2.2**.

2. Intensives Training des monologischen Sprechens mit der ganzen Klasse

Ein intensives Training des monologischen Sprechens empfiehlt sich zur Förderung der Sprechgeläufigkeit im Hochdeutschen, zur Stärkung der Auftrittskompetenz und zur Entwicklung der Textkompetenz.

Im Lehrplan 21 ist im Kompetenzbereich *Sprechen* ein Handlungsaspekt dem monologischen Sprechen gewidmet. Dabei lautet die globale Kompetenzbeschreibung: «Die Schülerinnen und Schüler können sich in monologischen Situationen angemessen und verständlich ausdrücken.» Im Zyklus 3 gehört zum Beispiel folgende Kompetenz zu den Grundansprüchen:

> «D3.B.1.h – Die Schülerinnen und Schüler können Arbeitsergebnisse und Sachthemen der Klasse strukturiert präsentieren und die wesentlichen Aspekte hervorheben sowie dabei Medien ziel- und adressatenorientiert nutzen.»[1]

Wenn man einen Blick in den Fachbereichslehrplan für Natur, Mensch, Gesellschaft (NMG) wirft, merkt man schnell, dass das Darlegen von Sachinhalten immer wieder vorkommt. Der Operator *erklären* zum Beispiel erscheint insgesamt 70-mal, der Operator *erläutern* 31-mal. Es ist anzunehmen, dass mit Operatoren wie *erklären, erläutern, darlegen* ein monologisches Sprechen intendiert wird, bei dem die Lernenden ihr Wissen und ihre Gedanken strukturiert und nachvollziehbar formulieren sollen.

Mit Lernenden, die die Kompetenzen für das monologische Sprechen noch nicht stufengemäss entwickelt haben, kann wie beim oben beschriebenen Beispiel zur Förderung der Schreibkompetenz vorgegangen werden. Dabei werden aus den 10 Einheiten die Doppelseiten zum monologischen Sprechen sowie die Doppelseiten zum Leseverstehen innerhalb von 22 Wochen à 2 Lektionen pro Woche bearbeitet. Da jede Einheit vier Sachtexte und vier Anleitungen zum Vortragen der Inhalte aus den Sachtexten enthält, können insgesamt 40 unterschiedliche Vorträge bearbeitet werden.

Die Lernenden schreiben die Vorträge auf der Grundlage der Sachtexte und zum Teil auch nach eigenen Internetrecherchen selbst. Dazu steht ihnen ein Scaffold zur Verfügung. Da die Texte beim Vortragen fast auswendig vorgelesen werden, müssen sie von der Lehrperson vollständig korrigiert werden. Dies geschieht am effizientesten, wenn die Lernenden die Texte am Computer schreiben und die Lehrperson die Texte am Computer durchkorrigiert. Dabei geht es nicht um ein Bewusstmachen der Fehler, sondern einzig und allein um das Erstellen eines fehlerfreien Textes zum Einüben des Vortrags → Kap. 6.2.4. Der Lerneffekt ist dabei vielschichtig: Gefördert werden die Textkompetenz, die Leseflüssigkeit, die Sprechflüssigkeit in der Standardsprache, die Auftrittskompetenz und der Umgang mit Präsentationsfolien.

3. Intensives Training des korrekten Sprechens im DaZ-Aufbauunterricht

Viele DaZ-Lernende haben auch nach mehrjähriger DaZ-Förderung nach wie vor Mühe mit Artikeln und Flexionsformen der Nomen, vor allem in Verbindung mit Adjektiven und nach Präpositionen. Sie machen immer wieder die gleichen Fehler und sind sich deren auch nicht bewusst. In der Fachliteratur werden solche Normverstösse, die Lernende trotz Korrekturhinweisen immer wieder gleich produzieren, als «fossilierte Fehler» bezeichnet. Auch Grammatikerklärungen und -übungen helfen wenig, vor allem dann, wenn die Grammatikübungen ausschliesslich geschrieben werden.

Ein intensives Sprechtraining empfiehlt sich bei Lernenden mit fehlerhaften Sprechroutinen.

In solchen Fällen ist ein gezieltes Sprechtraining mit Dialogen angezeigt. Die Lernenden müssen dabei Dialoge auswendig lernen und dürfen beim Vorspielen keine Fehler sprechen. Dadurch werden korrekte grammatikalische Formen als Sprechroutinen eingeübt, die beim freien Sprechen und beim Schreiben wieder genutzt werden können → Kap. 6.1.4.

Das gezielte Sprechtraining im DaZ-Aufbauunterricht muss mindestens ein halbes Jahr dauern, damit eine wahrnehmbare Wirkung erzielt werden kann. Dazu können die Doppelseiten mit den Dialogen aus den 10 Einheiten genutzt werden. Die Dialoge müssen von den Lernenden mehrmals gehört, mitgelesen und genau verstanden werden. Vor allem das Hören und das halblaute Mitlesen fördern die Aufmerksamkeit auf die korrekten grammatikalischen Formen. Die Dialoge werden auf Video aufgenommen und anschliessend mit dem geschriebenen Text verglichen. Falsch gesprochene Stellen müssen mehrmals korrekt gesprochen und nach mehreren Tagen geprüft werden.

---

[1] Sämtliche Zitate aus dem Lehrplan 21 stammen aus folgender Ausgabe:
Lehrplan für die Volksschule des Kantons Zürich auf der Grundlage des Lehrplans 21, vom Bildungsrat des Kantons Zürich am 13. März 2017 erlassen.

4. Intensives Hör- und Leseverstehenstraining mit der ganzen Klasse oder im DaZ-Aufbauunterricht

Auch das Hör- und/oder das Leseverstehen können mit *startklar* B1 intensiv gefördert werden. Die Doppelseiten zum Hörverstehen im Themenbuch enthalten längere Vorträge oder Interviews mit Verstehensaufgaben, die von der Lehrperson weiter differenziert werden können. Insgesamt stehen 10 didaktisierte Hörtexte zur Verfügung. Die Doppelseiten mit den Sachtexten werden im Zusatzmaterial ergänzt durch jeweils drei weitere Sachtexte. Insgesamt stehen somit 40 didaktisierte Sachtexte zur Verfügung.

Da sich die Aufgabenstellungen, die das Verstehen unterstützen, in allen Einheiten wiederholen, ergeben sich mit der Zeit automatisierte Verstehenshandlungen. Dazu gehören zum Beispiel das genaue Verstehen des Titels; das Raten, was im Text wohl vorkommen könnte; das Markieren zentraler Textstellen; das Suchen bestimmter Angaben im Text → Kap. 5.1   → Kap. 5.2 .

II Didaktische Grundlagen und Instrumente

Mit *startklar* B1 bauen Jugendliche mit unterschiedlichen Spracherwerbsbiografien ihre sprachlichen Kompetenzen so aus, dass sie die Grundansprüche gemäss Lehrplan 21 erfüllen können. Dabei gilt es einerseits, die Formen und Strukturen des Deutschen sowie den Wortschatz weiter auszubauen, andererseits geht es darum, den Umgang mit komplexen Texten mündlich und schriftlich einzuüben, um den sprachlichen Ansprüchen des Regelunterrichts in allen Fächern genügen zu können.

Zwar stützt sich *startklar* B1 auf Methoden des fremd- und zweitsprachlichen Unterrichts. Da aber auch monolingual deutschsprachige Jugendliche mit schwachen schulsprachlichen Kompetenzen mit *startklar* B1 arbeiten, sollte man nicht von «Deutsch als Zweitsprache» sprechen, sondern eher von «Deutsch als Lernsprache». Jugendliche auf leistungstieferen Niveaus müssen nicht nur ihre Deutschkompetenzen in den vier Fertigkeiten erweitern, sie müssen auch *auf Deutsch* neues Wissen und Können erwerben. Dieses neue Wissen und Können setzt immer auch eine Auseinandersetzung mit komplexen Sprachprodukten voraus, sowohl mündlich (zum Beispiel einen Vortrag verstehen, einen Sachverhalt erklären oder präsentieren) als auch schriftlich (zum Beispiel einen Sachtext verstehen, einen Vorgang beschreiben, einen Sachtext zusammenfassen). Diese Sprachprodukte sind immer textuell durchformt, das heisst, mehrere Sätze sind kohärent miteinander verbunden und weisen Merkmale der Schriftlichkeit auf. Damit Lernende den schulischen Anforderungen auf der Sekundarstufe I genügen können, bedarf es einer Sprachdidaktik, in der die für den Schulerfolg notwendigen (fach-)sprachlichen Textkompetenzen gezielt gefördert werden. Es bedarf einer *Didaktik des Deutschen als Lernsprache.*

In den folgenden Kapiteln werden die Grundlagen einer solchen *Didaktik des Deutschen als Lernsprache* dargelegt. Dabei handelt es sich einerseits um die sprachlichen Voraussetzungen für den Schulerfolg sowohl für deutsch- als auch für mehrsprachige Lernende und um den didaktischen Ansatz, mit dem das Sprachlernen initiiert und begleitet werden kann. Andererseits werden die didaktischen Grundlagen zu den Kompetenzbereichen gemäss Lehrplan 21 im Detail dargelegt, und zwar in Bezug auf die rezeptiven Kompetenzen (Hören und Lesen), die produktiven Kompetenzen (dialogisches/monologisches Sprechen und Schreiben) sowie den Kompetenzbereich *Sprache im Fokus* (Wortschatz und Grammatik). Die didaktischen Beispiele beziehen sich dabei auf das Niveau B1 gemäss dem Gemeinsamen Europäischen Referenzrahmen für Sprachen (GER).

4 Textkompetenz und Förderung der Schulsprache

4.1 Textkompetenz als Voraussetzung für den Schulerfolg

Die Unterscheidung der vier Fertigkeiten, wie sie auch im Lehrplan 21 vorgenommen wird, stammt aus den frühen 1970er-Jahren. In der Fremdsprachendidaktik erkannte man, dass der damals gängige Ansatz die produktiven Kompetenzen Sprechen und Schreiben zu stark gewichtete, während die rezeptiven Kompetenzen Hörverstehen und Leseverstehen gleichsam als Nebenprodukte des Fremdspracherwerbs angesehen wurden. Seither werden die vier Fertigkeiten gleichwertig behandelt.

> Die kognitiven Anforderungen können in den vier Fertigkeiten sehr unterschiedlich sein.

Allerdings besteht ein grosser Unterschied darin, ob eine Sprache im Fremdsprachenunterricht für Alltagszwecke (zum Beispiel zum Reisen) gelernt oder ob sie in der Schule für die eigene Bildungskarriere erworben wird. Der Unterschied liegt in den kognitiven Anforderungen, die die jeweiligen Sprachhandlungen verlangen. Tatsächlich ist es kognitiv bedeutend einfacher, in einem Restaurant ein Essen zu bestellen, als in einem Bewerbungsgespräch darzulegen, weshalb man die ausgeschriebene Lehrstelle bekommen möchte. In beiden Fällen geht es darum, einen Wunsch zu äussern und Details zu diesem Wunsch zu ergänzen. Im Restaurant genügen dazu wenige kurze, zum Teil unvollständige Sätze, im Bewerbungsgespräch erwartet man zusammenhängende Argumente, möglichst in ganzen Sätzen.

4.1.1 Alltagssprache versus Bildungssprache

> In der Schul- bzw. Bildungssprache werden höhere kognitive Anforderungen gestellt als in der Alltagssprache.

Alltagssprache und Schul- bzw. Bildungssprache unterscheiden sich inhaltlich, formal und medial. In der Alltagssprache (ob Mundart oder Standardsprache) sind die Inhalte in der Regel einfach und meist ohne Weiteres nachvollziehbar. Man weiss, worüber man spricht, weil die Inhalte zu den Alltagserfahrungen der Kommunikationsteilnehmenden gehören. An die Alltagssprache werden keine grossen formalen Ansprüche gestellt. Die Sätze sind meist einfach konstruiert und der Wortschatz ist eher undifferenziert. Wenn ein Begriff gerade nicht zur Verfügung steht, behilft man sich mit Ersatzbegriffen wie zum Beispiel *so ein Teil* oder mit Behelfsformulierungen wie «Du weisst schon, was ich meine». In der Schul- bzw. Bildungssprache sind die Inhalte meist fachbezogen und für die Lernenden neu, die Texte und Sätze sind komplex konstruiert und der Wortschatz ist fachspezifisch, zum Teil sehr differenziert. Bildungssprache stellt die Lernenden immer vor eine doppelte Herausforderung: Sie müssen neues Wissen in einer ihnen nicht geläufigen Sprachform lernen. Dies erfordert höhere kognitive Leistungen, als sie in der Alltagskommunikation notwendig sind.

In vielen Studien der letzten fünf Jahrzehnte konnte nachgewiesen werden, dass Kinder aus bildungsnahen Familien bessere Bildungschancen haben als Kinder aus bildungsfernen Familien, und zwar unabhängig davon, ob in der Familie die Lokalsprache oder eine andere Sprache gesprochen wird. Dies hat in erster Linie mit dem unterschiedlichen Sprachgebrauch in der Familie zu tun.

> In sozial privilegierten Familien wird eine elaboriertere Sprache verwendet als in sozial benachteiligten Familien, was für Kinder von sozial privilegierten Familien ein Vorteil für die schulische Laufbahn ist.

Bereits in den frühen 1960er-Jahren definierte Basil Bernstein in England die Unterschiede zwischen dem Sprachgebrauch in sozial benachteiligten Familien und demjenigen in sozial privilegierteren Familien mit den Begriffen *restringierter Code* und *elaborierter Code*.[1] In sozial benachteiligten Familien wird Sprache vor allem für alltägliche Handlungen gebraucht. Die verwendeten Sätze sind kurz, mit wenigen Nebensätzen und einem beschränkten Wortschatz. In sozial privilegierteren Familien, in denen über alles

---

[1] Basil Bernstein: Elaborated and Restricted Codes. Their Social Origins and Some Consequences. In: *American Anthropologist* 66.6 (1964), S. 55–69.

Mögliche gesprochen und alles Mögliche erklärt wird, sprechen die Eltern auch mit den Kindern differenzierter und komplexer, sowohl hinsichtlich des Syntax als auch des Wortschatzes. Zudem werden in bildungsnahen Familien schon ab dem zweiten Lebensjahr Geschichten erzählt, während dies in bildungsfernen Familien seltener vorkommt. Dies führt dazu, dass Kinder aus bildungsnahen Familien schon früh mit textueller Sprache in Kontakt kommen und demzufolge die Kompetenz, eine komplexe Erklärung oder eine Geschichte zu verstehen, früh entwickeln. Im Kindergarten können sie diese Kompetenz weiter ausbauen, während Kinder aus sozial benachteiligten Familien die Kompetenz, einer mündlich erzählten Geschichte zu folgen und sie zu verstehen oder einer Erklärung zu folgen, erst aufbauen müssen. Dies ist auch der Grund, weshalb Kinder aus sozial benachteiligten Familien überduchschnittlich mehr Schulmisserfolg erleben.

In Bezug auf die Sprachform wurde in den 1980er-Jahren im deutschsprachigen Raum zwischen konzeptioneller Mündlichkeit *(Sprache der Nähe)* und konzeptioneller Schriftlichkeit *(Sprache der Distanz)* unterschieden. Mit *Sprache der Nähe* ist eine meist dialogische Sprachverwendung im Alltag gemeint, in der die Inhalte kontextgebunden, das heisst unmittelbar vorhanden oder zumindest leicht vorstellbar sind. Der Kontext ist den Kommunikationsteilnehmenden klar, die Sätze sind meist kurz, zum Teil sogar unvollständig, der Wortschatz ist alltagsorientiert, eher undifferenziert. Mit *Sprache der Distanz* ist dagegen eine Sprachverwendung gemeint, die durch eine zeitlich-räumlich-emotionale Distanz charakterisiert ist. Die Inhalte sind komplex und oft abstrakt. Die Sätze sind relativ lang, ausformuliert und miteinander textuell verbunden und der Wortschatz ist differenziert. Diese Sprachform bezeichnet man auch als *dekontextualisierte Sprache*; sie ist unter anderem im schulischen Kontext stark vertreten.

Auf der Basis langjähriger Studien an zweisprachigen Schulen in Kanada unterschied Jim Cummins ebenfalls in den 1980er-Jahren zwischen zwei sprachlich-kognitiven Kompetenzen: den sprachlichen Grundkompetenzen (*Basic Interpersonal Communication Skills* oder BICS), mit denen vor allem der Alltag sprachlich bewältigt wird, und den sogenannt kognitiven, akademischen Kompetenzen (*Cognitive Academic Language Proficiency* oder CALP), mit denen vor allem schulische Lerninhalte verarbeitet werden.[2] Er postulierte, dass sprachliche Grundkompetenzen (BICS) von allen Kindern recht schnell erworben werden. Der Erwerb der kognitiven, akademischen Kompetenzen (CALP) bildet dagegen eine grössere Hürde. Vor allem bei Kindern, die dieses Register im Familienkreis nie erfahren, beginnt die Entwicklung dieser Kompetenzen erst im Kindergarten, wenn Geschichten erzählt und Sachverhalte erklärt werden. Kinder aus bildungsfernem Milieu sind dann schnell überfordert und haben Mühe, den zunehmenden sprachlichen Anforderungen zu genügen. Sie entwickeln die notwendigen CALP-Kompetenzen nur langsam. Bei einer gezielten Förderung der CALP-Kompetenzen werden diese allerdings recht schnell gelernt.

Kognitive, akademische Sprachkompetenzen werden nur ein Mal gelernt und sind auf neu gelernte Sprachen übertragbar.

Für den Schulerfolg spielen die CALP-Kompetenzen eine entscheidende Rolle, was erklärt, weshalb Kinder aus einem bildungsfernen und sprachschwachen Milieu eher Schulmisserfolg erfahren als Kinder aus einem bildungsnahen und sprachaffinen Milieu. Das Besondere an Cummins' Hypothese ist die Postulierung, dass CALP-Kompetenzen in *einer* Sprache entwickelt werden und dann für neu zu lernende Sprachen zur Verfügung stehen. Wer also in der Erst- oder Zweitsprache CALP-Kompetenzen erworben hat, kann diese auf jegliche andere neue Sprache übertragen – vorausgesetzt, es stehen die entsprechenden sprachlichen Mittel im Sinne von Wortschatz, Formulierungen und grammatikalischen Formen und Strukturen zur Verfügung. Wer also in der Erst- oder Zweitsprache gelernt hat, eine Geschichte zu verstehen oder ein Bild schriftlich zu beschreiben, muss in einer weiteren Sprache nicht mehr neu lernen, wie Geschichten ablaufen oder welchen Anforderungen die Textsorte Beschreibung genügen muss.

---

[2] Jim Cummins: Linguistic Interdependence and the Educational Development of Bilingual Children. In: *Review of Educational Research* 49 (1979), S. 222–251.

4.1.2 Das Modell der Textkompetenz

Mit ihrem Textkompetenzmodell haben Paul R. Portmann-Tselikas und Sabine Schmölzer-Eibinger eine weitere Differenzierung der kognitiven Anforderungen im Sprachgebrauch eingeführt.[3] Sie unterscheiden vier Bereiche des Sprachgebrauchs, die ganz unterschiedliche kognitiv-sprachliche Leistungen verlangen.

Die Bezugsgrössen des Textkompetenzmodells sind einerseits die Textform (dialogisch organisiert vs. textuell durchformt), andererseits der Inhalt (alltagsorientiert vs. wissensbasiert). Dadurch entstehen vier Bereiche des Sprachgebrauchs, die je unterschiedliche kognitive Leistungen in allen vier Fertigkeiten verlangen.

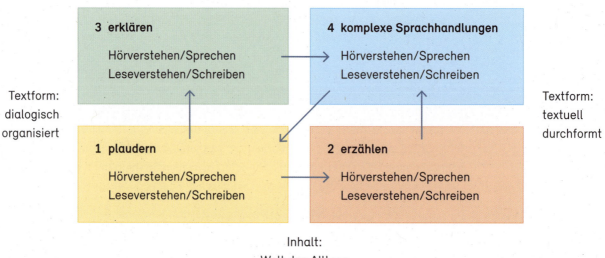

Für den Schulerfolg sind alltagssprachliche Kompetenzen nicht ausreichend.

Der *Quadrant 1* stellt die Textkompetenz dar, die es ermöglicht, an Alltagsgesprächen teilzunehmen. Diese Textkompetenz erwerben alle Kinder schon sehr früh im sozialen Kontakt, man könnte diesen Sprachgebrauch als «plaudern» bezeichnen. Schon früh lernen die Kinder, wie Gespräche zwischen zwei Personen ablaufen. Sie benützen dafür nicht nur Wörter, Formulierungen und Sätze, sie verwenden auch die entsprechende Gestik, Mimik, Satzmelodie und die kulturbedingte Sprechdistanz. Mündlich plaudern ist somit eine Kompetenz, die alle Kinder bereits entwickelt haben, wenn sie in den Kindergarten eintreten. Kinder aus fremdsprachigen Familien können selbstverständlich in ihrer Erstsprache plaudern, möglicherweise aber nicht in der lokalen Mundart oder in der Standardsprache Deutsch. In der Schule verfeinern sie dann ihr Plauderverhalten, indem sie lernen, auf die anderen zu hören, höflich zu sein, nicht zu unterbrechen usw. Die Sprachform in diesem Quadranten ist dialogisch und von konzeptueller Mündlichkeit geprägt. Das heisst, die Sätze sind relativ einfach und zum Teil unvollständig. Die Äusserungen sind eher kurz, die Inhalte eher einfach und der Wortschatz nicht speziell differenziert. Kinder aus bildungsfernem und fremdsprachigem Milieu lernen im Kindergarten relativ schnell, sich an alltäglichen Gesprächssituationen zu beteiligen. Nach zwei Jahren können sie sich meist schon recht gut in der Mundart mitteilen. Für eine Erfolg versprechende Schullaufbahn genügt diese ‹Plauderkompetenz› allerdings nicht.

Kinder erwerben sehr früh die Kompetenz, Geschichten zu verstehen, vorausgesetzt, es werden ihnen Geschichten erzählt.

Der *Quadrant 2* stellt die Textkompetenz dar, die es ermöglicht, Geschichten im weitesten Sinn zu verstehen oder selbst zu erzählen (mündlich oder schriftlich). Die Textkompetenz, Geschichten zu verstehen, erwerben Kinder ebenfalls relativ früh. Voraussetzung dafür ist jedoch, dass den Kindern Geschichten erzählt werden, am Anfang mit Bilderbüchern, später zum Beispiel als Gutenachtgeschichten.

[3] Paul R. Portmann-Tselikas; Sabine Schmölzer-Eibinger: Textkompetenz. In: *Fremdsprache Deutsch* 39 (2008), S. 5–16.

Erzählungen sind textuell durchformt, das heisst, sie haben einen logischen Aufbau, enthalten mehrere zusammenhängende Sätze und einen differenzierten Wortschatz. Für das zuhörende Kind ist das Verstehen eine anspruchsvolle Aufgabe, denn es gilt, ausgehend von mündlich formulierten Sätzen sich Situationen und Handlungen vorzustellen. Beim Hören von Geschichten produzieren Kinder gleichsam einen mentalen Film. Diese kognitive Leistung erwerben sie dadurch, dass sie die gleiche Geschichte mehrere Male hören. Die Kinder üben dabei die Kompetenz, sich aufgrund der mündlich gehörten Sätze eine Situation und die darin vorkommenden Handlungen vorzustellen. Bei jeder Wiederholung sehen sie ihren ‹Film› immer klarer.

Hören Kinder zu Hause aber keine Geschichten, egal in welcher Sprache, dann entwickelt sich logischerweise diese Textkompetenz nicht, was bei vielen Kindern aus bildungsfernem Milieu der Fall ist. Viele Kinder mit Migrationshintergrund, die ohne Deutschkenntnisse in den Kindergarten eintreten, sind deshalb mit einer doppelten Herausforderung konfrontiert. Sie müssen die neue Alltagssprache der Umgebung lernen und gleichzeitig auch die Textkompetenz entwickeln, einer Geschichte zu folgen. Die Folge davon ist vielen Lehrpersonen im Kindergarten bekannt: Sie erzählen eine Geschichte mit vielen Bildern und grossem erzählerischem Einsatz, die Kinder mit Migrationshintergrund schweifen aber ab, können sich nicht auf die Handlung der Geschichte konzentrieren. Die Ursache dafür ist nicht der fehlende Wortschatz, denn die Bilder würden für sich allein sprechen. Den Kindern fehlt die Übung im Verstehen von Geschichten.

Kinder und Jugendliche aus bildungsnahem Milieu bringen bei Schuleintritt bessere kognitive Voraussetzungen mit.

Der *Quadrant 3* stellt die Textkompetenz dar, die es ermöglicht, in Dialogen längere Erklärungen von komplexen Sachverhalten zu verstehen und so neues Wissen zu erwerben. Der Aufbau dieser Textkompetenz beginnt im sogenannten Warum-Alter. Die Antworten, die die Kinder auf ihre Fragen erhalten, erweitern einerseits ihr Weltwissen, andererseits bauen sie die Textkompetenz auf, einer Erklärung zu folgen und Strukturen vom Typ Ursache–Folge (wenn–dann) nachzuvollziehen. Diese Sprachhandlungen sind zwar dialogisch organisiert, die Gesprächsschritte der erklärenden Person sind jedoch oft länger und komplexer als in Alltagsgesprächen. Auch hier ist es wie bei den Geschichten: Wenn Kinder keine ausführlichen Erklärungen im familiären Umfeld bekommen, können sie diese wichtigen Denkstrukturen erst in der Schule entwickeln. Kinder aus bildungsnahem Milieu entwickeln diese Denkstrukturen schon früh und haben somit gute Voraussetzungen für eine Erfolg versprechende Schulkarriere.

Der *Quadrant 4* stellt die Textkompetenz dar, die es ermöglicht, neues Wissen in textuell durchformter Sprache zu verstehen und wiederzugeben. Die Textsorten sind dabei sehr unterschiedlich. Es können längere mündliche Erläuterungen, Vorträge, Berichte usw. sein, schriftlich können es Fachtexte, Beschreibungen, Stellungnahmen usw. sein. Die Textkompetenzen, die zur Realisierung von schulischen Sprachleistungen notwendig sind, sind komplex und entwickeln sich in der Bildungskarriere fortlaufend. Sie sind auch ausschlaggebend für den Schulerfolg. Dieser Bereich der schulisch-akademischen Sprache kann sich allerdings nur entwickeln, wenn Lernende bereits grundlegende rezeptive und produktive Kompetenzen in den Quadranten 2 und 3 aufgebaut haben. Gut entwickelte Kompetenzen im Quadranten 4 haben auch Rückwirkungen auf den Quadranten 1. Personen mit ausgebildeten Kompetenzen im Quadranten 4 drücken sich auch beim Plaudern differenzierter aus.

Gute dialogische Kompetenzen in den Quadranten 1 und 3 reichen für einen angemessenen Schulerfolg nicht aus. Notwendig sind Kompetenzen im Umgang mit komplexen Texten. Für die Entwicklung dieser Textkompetenzen insbesondere im Quadranten 4 genügt der Deutschunterricht allerdings nicht. In allen Fächern müssen die Lerninhalte sprachlich gefestigt werden, indem textuelle Leistungen nicht nur gefordert, sondern auch gefördert werden (Neugebauer/Nodari 2012).[4]

---

[4] Claudia Neugebauer; Claudio Nodari: *Förderung der Schulsprache in allen Fächern. Praxisvorschläge für Schulen in einem mehrsprachigen Umfeld: Kindergarten bis Sekundarstufe I.* Bern 2012.

4.2 Förderung der Schulsprache mit guten Aufgaben

Die Förderung der Schulsprache ist auf der Sekundarstufe I oft eine schwierige Aufgabe, vor allem in Klassen mit tieferem Leistungsprofil. Viele Jugendliche haben in der Primarschulzeit die Erfahrung gemacht, dass ihre Deutschkompetenzen den Ansprüchen im Unterricht nicht genügen. Am Ende der sechsten Klasse reichen diese für den Besuch einer Klasse mit höherem Leistungsprofil nicht aus. Die Motivation zum Lernen und die Zuversicht, dass das Lernen gewinnbringend ist, schwinden, die schulsprachlichen Anforderungen werden als lebensfremd empfunden, Demotivation macht sich breit: «Weshalb soll ich ein Bild beschreiben? Das Bild können ja alle sehen.» – «Weshalb soll ich einen Fachtext lesen? Die Lehrperson kann doch die Inhalte auch mündlich erklären.» Ungefähr so klingen die Reaktionen resignierter Jugendlicher.

Die Motivation zum Lernen ist Teil des Kompetenzbegriffs.

Im Lehrplan 21 werden die Bereitschaft zum Lernen und eine positive Haltung gegenüber den Lerninhalten als Teil des Kompetenzbegriffs verstanden:

> «Die Orientierung an Kompetenzen im Lehrplan 21 basiert u. a. auf den Ausführungen von Franz E. Weinert. Nach ihm umfassen Kompetenzen mehrere inhalts- und prozessbezogene Facetten: Fähigkeiten, Fertigkeiten und Wissen, aber auch Bereitschaften, Haltungen und Einstellungen.» (Grundlagen, S. 7)

Mit «Bereitschaften, Haltungen und Einstellungen» sind einerseits zwischenmenschliche Aspekte gemeint (wie z. B. Bereitschaft zur Zusammenarbeit, positive Haltung gegenüber den Lehrpersonen und der Klasse, Akzeptanz von Menschen anderer Kulturen), andererseits auch Aspekte in Bezug auf das Lernen selbst (wie z. B. Bereitschaft zum selbstständigen Lernen, positive Haltung gegenüber den Lerninhalten, erfolgsorientierte Einstellung). Die Bereitschaften, Haltungen und Einstellungen gegenüber dem Lernen und den Lerninhalten können global auch als *Motivation zum Lernen* bezeichnet werden.

Lernmotivation entsteht durch Leistungserfolge.

startklar geht von der Grundannahme aus, dass Motivation zum Lernen die Folge von erfolgreich gelösten Aufgabenstellungen ist. Mit «Aufgabenstellung» ist hier eine Reihe von einzelnen Aufgaben gemeint, die zu einer komplexen Sprachleistung führen (zum Beispiel alle Aufgaben zu einem komplexen Lesetext). Wer eine Aufgabenstellung mit Erfolg lösen kann, ist stolz auf seine Leistung und gewinnt an Selbstvertrauen. Insofern ist die Art und Weise, wie eine Aufgabenstellung gestaltet ist, dafür mitverantwortlich, ob die Lernenden komplexe Sprachleistungen Erfolg versprechend erbringen können. Eine Sprachdidaktik, welche die Motivation zum Lernen ernst nimmt, muss alles daransetzen, dass die Aufgabenstellungen alle notwendigen Informationen und Hilfestellungen enthalten, damit eine Sprachleistung erbracht werden kann, die über dem aktuellen Sprachstand der lernenden Person liegt.

Gute Aufgabenstellungen ermöglichen gute Leistungen.

Der Ausdruck «gute Aufgaben» stammt von dem französischen Lernpsychologen Richard deCharms, der den Auslöser für Motivation im schulischen Lernen folgendermassen auf den Punkt bringt: «Gute Aufgaben lösen eine milde Form der Besessenheit aus.» Wer die erste Aufgabe einer Aufgabenstellung ohne Mühe lösen kann, ist motiviert, die zweite Aufgabe zu bearbeiten. Wenn die zweite Aufgabe ebenfalls gut lösbar ist, wird die dritte in Angriff genommen und so weiter. Wer dank einer gut strukturierten Aufgabenstellung eine gute Leistung erbracht hat, möchte dieses Erfolgserlebnis wiederholen, das heisst, er oder sie ist motiviert, das Gleiche oder Ähnliches nochmals zu tun. Dies ist die Grundlage für ein motiviertes schulisches Lernen.

Sämtliche Aufgabenstellungen in *startklar* sind nach diesem didaktischen Prinzip gestaltet, das auch unter dem Begriff *Scaffolding* bekannt ist. Mit einem *Scaffold* («Gerüst») werden die Lernenden schrittweise angeleitet, eine komplexe Sprachleistung zu erbringen. Im Hör- und im Leseverstehen leiten die einzelnen Aufgaben Schritt für Schritt durch den Text. Die Lernenden bauen das Verständnis des Textinhalts schrittweise auf, indem sie dank den Aufgaben effiziente Hör- und Lesehandlungen ausführen → Kap. 5.1 → Kap. 5.2 . Im dialogischen Sprechen setzen sich die Lernenden mit Musterdialogen auseinander, die sie anschliessend variieren können → Kap. 6.1 . Im monologischen Sprechen erhalten die Lernenden eine detaillierte Anleitung zum Verfassen eines Vortrags auf der Grundlage eines bereits bearbeiteten Lesetextes → Kap. 6.2 . Das Schreiben geht ebenfalls von Mustertexten aus, die zuerst verstanden und analysiert werden. Anschliessend schreiben die Lernenden ihren Text anhand der vorgegebenen Textstruktur und anhand von Textbausteinen, in der Regel Satzanfängen («Sentence Starters») → Kap. 6.2 .

> Die Aufgaben sind einfach formuliert, unmittelbar umsetzbar und repetitiv, damit keine wertvolle Unterrichtszeit für Zusatzerklärungen verloren geht.

Bei der Erarbeitung von *startklar* wurde den Formulierungen von Aufgaben und deren Ablauf innerhalb von Aufgabenstellungen ein besonderes Augenmerk geschenkt. Sie wurden mehrfach hinsichtlich der Verständlichkeit, der Umsetzbarkeit und der Abfolge überprüft. Ziel ist es, im Unterricht möglichst wenig Zeit für die Erklärung einer Aufgabe oder einer Aufgabenstellung zu verlieren. Dazu trägt auch die Wiederholung immer gleich bleibender Formulierungen und die Wiederholung gleicher Aufgabentypen bei. Effizientes Lernen findet statt, wenn die Lernenden genau wissen, was sie zu tun haben. Das gibt ihnen Sicherheit, Orientierung und Zuversicht, dass sie das Richtige tun.

In startklar wird aus diesem Grund bewusst eine begrenzte Anzahl von Aufgabentypen verwendet. Dies ermöglicht eine effiziente Nutzung der Unterrichtszeit, denn es wird nur wenig Zeit für zusätzliche Erklärungen oder ‹Reparaturen› von falsch verstandenen Aufgaben verschwendet. Die Meinung, dass die Lernenden gleich strukturierte Aufgabenstellungen als langweilig empfinden, ist ein Trugschluss. In der Regel sind die Lernenden bereit, im Unterricht die vorgegebenen Aufgabenstellungen zu bearbeiten. Je klarer die Aufgabenstellung ist, je routinierter die Lernenden eine Aufgabe lösen können, desto effizienter und motivierter arbeiten sie, desto grössere Fortschritte sind auch für die Lernenden selbst wahrnehmbar.

4.3 Selbstständigkeit im Lernen

> Selbstständig Lernende lernen effizienter als unselbstständig Lernende.

In den 1980er-Jahren wurden verschiedene Studien zur Selbstständigkeit im Lernen durchgeführt. Die Frage war damals, was eigentlich selbstständig Lernende von unselbstständig Lernenden unterscheidet. Das Fazit dieser Studien war wegbereitend für eine Reihe von didaktischen Massnahmen, die man heute als selbstverständlich erachtet (wie zum Beispiel Werkstattunterricht, Lernlandschaften). Selbstständig Lernende können erstens das zur Verfügung gestellte Wissen optimal nutzen, indem sie Beziehungen zwischen Sachverhalten erkennen und eigene Schlüsse ziehen. Zweitens reflektieren sie ihre Lernwege und -strategien und ändern sie von sich aus, wenn sie nicht zielführend sind. Drittens können sich selbstständig Lernende gut im Lehr-/Lernprozess orientieren und wissen immer, was sie wann und wozu lernen müssen. Selbstständig Lernende verfügen somit über ausgeprägte strategische Kompetenzen, die ihnen ein effizientes Lernen ermöglichen. Unselbstständig Lernende hingegen verwenden viel Zeit auf das Lernen vorgegebener Inhalte. Sie sind zwar nicht unbedingt erfolglos, setzen aber (zu) viel Energie und Zeit für das Lernen ein, weil sie ihr Vorgehen beim Lernen nicht hinterfragen oder optimieren.

Diese Erkenntnisse spiegeln sich auch im Kompetenzbegriff des Lehrplans 21:

> «Wissen als Kompetenz wird in einem breiten Sinne verstanden: als direkt nutzbares Verfügungswissen, als Reflexionswissen und als Orientierungswissen.» (Grundlagen, S. 6)

Die Orientierung im Lehrmittel ist eine wichtige Voraussetzung für das selbstständige Lernen.

startklar unterstützt die Selbstständigkeit im Lernen auf drei Ebenen.

1. Das Lehrmittel wurde so gestaltet, dass sich die Lernenden gut darin orientieren können. Das Themenbuch ist das Leitmedium, in dem
   - an gegebener Stelle Piktogramme auf die anderen Lehrwerkteile (Arbeitsheft, Audiofiles, Zusatzmaterial) verweisen,
   - die Sozialform angeben wird (zu zweit, in Gruppen),
   - Signete auf die anzuwendende Lerntechnik verweisen.

   Die Themeneinheiten sind immer genau gleich strukturiert und die Aufgaben sind möglichst eindeutig formuliert. Auch die grafische Gestaltung ist einfach und linear gehalten, sodass die Lernenden stets wissen, was sie wo wie bearbeiten müssen.

Reflexionen über das Lernen müssen im Unterricht angeleitet werden.

2. *startklar* leitet an verschiedenen Stellen zur Reflexion an. Die Inhaltsverzeichnisse der Themeneinheiten regen mit Smileys an, am Schluss einer Themeneinheit zu überlegen, wie die Arbeit an einem Unterthema empfunden wurde. Dadurch sollen sich die Lernenden die Lernarbeit und die Inhalte nochmals vergegenwärtigen. In den Grammatikkapiteln werden die Lernenden explizit aufgefordert, die Regeln anhand des Gelernten selbst zu formulieren. Und am Ende eines Vortrags werden die Zuhörenden konsequent aufgefordert, ihre Meinungen zum Vortrag differenziert zu formulieren. Solche Reflexionen fördern das Bewusstsein in Bezug auf Lernprozesse und Lernleistungen; sie müssen aber im Unterricht angeleitet und konsequent eingefordert werden.

Lerntechniken müssen eingeübt und gegebenenfalls adaptiert werden.

3. *startklar* B1 bietet vier explizite Lerntechniken und zwar:

   – Einen Vortrag üben (Arbeitsheft, S. 13)

   – Selbstständig Wörter lernen (Arbeitsheft, S. 16)

   – Hören und mitlesen (Zusatzmaterial, Einheit 1)

   – Auswendig lernen (Zusatzmaterial, Einheit 1)

Die beiden Lerntechniken im Zusatzmaterial sind vor allem für lernschwache Schülerinnen und Schüler gedacht. Damit diese Lerntechniken gewinnbringend eingesetzt werden, müssen sie sehr sorgfältig eingeführt und im Unterricht mehrfach geübt werden. Die Lernenden sollen diese Lerntechniken auch modifizieren können, wenn sie das Gefühl haben, dass das Lernen durch die Änderung für sie einfacher wird.

5   Förderung der rezeptiven Kompetenzen

Im Lehrplan 21 werden die rezeptiven Kompetenzbereiche *Hören* und *Lesen* unterteilt in:

Hören
- **A** Grundfertigkeiten
- **B** Verstehen in monologischen Hörsituationen
- **C** Verstehen in dialogischen Hörsituationen
- **D** Reflexion über das Hörverhalten

Lesen
- **A** Grundfertigkeiten
- **B** Verstehen von Sachtexten
- **C** Verstehen literarischer Texte
- **D** Reflexion über das Leseverhalten

In *startklar* B1 werden die rezeptiven Kompetenzen mit den Inhalten der ersten zwei Doppelseiten jeder Einheit im Themenbuch gezielt trainiert. Allerdings erfordern auch alle anderen Inhalte von *startklar* B1 Verstehensleistungen, was zusätzlich zur Erfüllung der Grundansprüche des Lehrplans 21 beiträgt.

> Jeder Mensch versteht immer sehr viel mehr, als er selbst produzieren kann.

Bei den Hör- und Lesetexten auf den ersten zwei Doppelseiten jeder Einheit handelt es sich ausschliesslich um Sachtexte. Damit sollen die sprachlichen Voraussetzungen entwickelt werden, die ein erfolgreiches Lernen im Fachunterricht ermöglichen. Die Sachtexte scheinen sehr anspruchsvoll für die Zielgruppe zu sein, denn sie sind erheblich komplexer als Texte, die die Lernenden selbst produzieren können. Dies entspricht aber dem normalen Spracherwerbsverlauf. Menschen verstehen immer bedeutend mehr, als sie selbst produzieren können.

> Die Vorentlastung ist die Voraussetzung für ein Erfolg versprechendes Hören und Lesen.

Mit den Sachtexten werden neues Wissen vermittelt und gleichzeitig Hör- und Lesestrategien eingeübt. Die Aufgabenstellungen sind so gestaltet, dass sie konsequent von einer Vorentlastung ausgehen, die die Voraussetzung für einen erfolgreichen Einstieg in den Verstehensprozess ist. Dazu gehört unter anderem das genaue Verstehen des Titels, das Erkennen des Kontextes und die Aktivierung des Vorwissens → **Kap. 5.1.1** → **Kap. 6.1.1**. Mit den nachfolgenden Aufgaben werden die Lernenden angeleitet, effiziente sprachliche Handlungen auszuführen, die schrittweise vom globalen zum detaillierteren Textverständnis führen. Die Aufgabenstellungen zu einem Text bieten ein Scaffold, anhand dessen die Lernenden die Textinhalte erschliessen können. Dies fördert sowohl die Kompetenz im Umgang mit längeren Sachtexten als auch die Kompetenz gemäss Lehrplan 21:

> «D.1.B.3.g – Die Schülerinnen und Schüler können komplexere, mehrteilige Aufträge verstehen und ausführen.»

> Verstehensleistungen müssen sichtbar gemacht werden.

Zu betonen ist an dieser Stelle, dass die Aufgabenstellungen keine Fragen enthalten, sondern ausschliesslich Aufgaben. Der Grund dafür ist einfach. Fragen leiten die Lernenden zu einer einzigen sprachlichen Handlung an, nämlich dem Antworten. Aufgaben können dagegen viele sprachliche Handlungen auslösen, die von geübten Zuhörenden und Lesenden gleichsam automatisch ausgeführt werden. Bei Sachvorträgen beantworten geübte Zuhörende keine Fragen, sie notieren vielmehr die Zwischentitel, Stichwörter oder Formulierungen, fertigen eine Skizze an, erstellen eine kleine Tabelle oder ein Diagramm, machen Notizen. Bei Sachtexten verhält es sich analog. Geübte Lesende markieren Textstellen, fassen einen Abschnitt zusammen, erstellen eine kleine Tabelle oder ein Diagramm usw. Das Lösen dieser Aufgaben erfordert in der Regel eine sichtbare Tätigkeit:

Didaktische Grundlagen und Instrumente

notieren, markieren, zeichnen, verbinden, ankreuzen. Dadurch machen die Lernenden sicht- und überprüfbar, was sie wie verstanden haben.

> **Oft ausgeführte Aufgaben werden zu Handlungsroutinen in ähnlichen Situationen.**

Die meisten Aufgaben zu den einzelnen Texten sind gleich oder ähnlich, sodass die entsprechenden sprachlichen Handlungen oft ausgeführt werden. Mit der Zeit werden sie zu Routinen, die die Lernenden von selbst ausführen, wenn sie einen längeren Text ohne detaillierte Aufgaben hören oder lesen. Die Voraussetzung dafür ist aber, dass im Unterricht ab und zu über den Sinn und Zweck einzelner Aufgaben reflektiert wird:

- Warum ist es wichtig, zuerst den Titel eines Textes genau zu verstehen?
- Wozu genau kann das Markieren von wichtigen Stellen dienen?
- Was passiert genau, wenn man einen Abschnitt in einem Satz zusammenfasst?
- usw.

Diese Reflexionsfragen müssen mit den Lernenden besprochen werden, damit automatisierte Routinen bewusst wahrgenommen werden und, wichtiger noch, damit die Lernenden ihre sprachlichen Handlungen beim Hören oder Lesen von Texten weiterentwickeln können. Erst wenn Lernende sich bewusst werden, dass vor allem Texte mit Lerninhalten aktiv bearbeitet werden müssen, sind gute Voraussetzungen für den Bildungserfolg gegeben. Bei der Förderung des Hör- und Leseverstehens geht es somit im Wesentlichen um ein strategisches Ziel.

> **Beim Hören konzentriert sich der Mensch automatisch auf das Verstandene, beim Lesen muss diese Strategie trainiert werden.**

Eine wichtige Strategie beim Verstehen von Texten ist die Konzentration der Aufmerksamkeit auf das Verstandene sowie das Ausblenden des nicht oder nur annähernd Verstandenen. Beim Hören geschieht dies automatisch, da der Hörtext weiterläuft. Die zuhörende Person ist gleichsam gezwungen, die unverstandene Stelle zu überspringen und sich auf das zu konzentrieren, was sie versteht. Beim Lesen muss diese Strategie trainiert werden, da leseschwache Lernende bei unbekannten Wörtern oft nicht weiterlesen und dadurch schnell den Faden verlieren. Durch die Konzentration auf das Verstandene bauen die Lernenden sogenannte Verstehensinseln, von denen aus die Verstehenslücken sehr oft erschliessbar werden. Aus diesem Grund ist das Unterstreichen unbekannter Wörter eine denkbar schlechte Lesetechnik, da sich die lesende Person auf nicht Verstandenes konzentriert. Besser wäre es, alles zu unterstreichen, was man versteht.

> **Die Wortschatzarbeit erfolgt immer, nachdem der Text global verstanden wurde.**

Nicht verstandene Wörter oder Formulierungen müssen von den Lernenden ausgehalten werden. Das bedeutet, dass die Lernenden nicht gleich beim ersten nicht verstandenen Wort aufgeben oder dieses sofort nachschlagen sollen. Die in *startklar* immer wiederkehrende Aufgabenformulierung «... und konzentrier dich auf das, was du verstehst» ist in diesem Sinne zu verstehen. Im Lehrplan 21 ist diese Kompetenz wie folgt formuliert:

> «D1.B.2.f und D.2.B.3.h – Die Schülerinnen und Schüler können die Bedeutung von unbekannten Wörtern aus dem Kontext erschliessen.»

Diese Kompetenz ist sowohl im Kompetenzbereich *Verstehen in monologischen Situationen* als auch bei *Verstehen von Sachtexten* zu finden. Ein vorgängiges Erklären aller Wörter und Formulierungen aus dem Text, die die Lernenden möglicherweise nicht verstehen, verhindert die Entwicklung dieser wichtigen Kompetenz. Das Klären unbekannter Wörter und Formulierungen durch «Erfragen oder in Hilfsmitteln (z. B. Wörterbuch, Sachbuch, Internet) Nachschlagen» (ebd.) sollte immer erst erfolgen, nachdem der Text zumindest global verstanden wurde → **Kap. 7**.

> **Das Ziel ist immer, sowohl die Inhalte zu verstehen als auch Verstehensstrategien zu entwickeln.**

Ziel der Arbeit an den Hör- und Lesetexten ist – wie bereits betont – nicht ausschliesslich das Verstehen der vermittelten Inhalte. Beim Einsatz von Hör- und Lesetexten geht es gleichzeitig auch um die Entwicklung effizienter Hör- und Leseverstehensstrategien, die beim weiteren Lernen genutzt werden können.

5.1 Hörverstehen

Die jeweils erste Doppelseite einer Themeneinheit im Themenbuch enthält Aufgabenstellungen zu längeren Sachvorträgen oder Radiointerviews, mit deren Hilfe die Lernenden den Inhalt des Hörtextes im Sinne eines Scaffoldings erschliessen können. Die Aufgabenstellungen sind dabei in drei Phasen gegliedert: vor, während und nach dem Hören.

5.1.1 Vor dem Hören

Geübte Zuhörende eines Vortrags machen sich bereits vor dem Vortrag Gedanken über die möglichen Inhalte, die sie hören werden. Sie kennen das Thema und den Kontext des Vortrags, sie haben möglicherweise vorher eine kurze Zusammenfassung gelesen und eine bestimmte Erwartung aufgebaut. Genau diese Kompetenzen werden auch im Lehrplan 21 im Kompetenzbereich *Hören* beschrieben:

> «D.1.A.1.e – Die Schülerinnen und Schüler können eine Hörerwartung aufbauen und die nötige Ausdauer aufbringen, um einem längeren Hörbeitrag zu folgen.»

> «D.1.B.2.e – Die Schülerinnen und Schüler können mit Unterstützung eine Hörerwartung aufbauen (z. B. Vorwissen aktivieren, durch vorheriges Lesen der Hörverständnis-Fragen).»

Zu betonen ist, dass die in der obigen Kompetenzbeschreibung erwähnten «Hörverständnis-Fragen» ausschliesslich in Lehrmitteln und in Prüfungen vorkommen. Bei Vorträgen im Unterricht und vor allem ausserhalb der Schule kommen Hörverständnis-Fragen nicht vor. Die Strategie, Hörverständnis-Fragen zuerst zu lesen, ist somit vor allem für Prüfungen von Belang.

Die Vorentlastung ist ein wichtiger Motivationsfaktor für die Arbeit mit anspruchsvollen Hörtexten.

Der Aufbau von Hörerwartungen ist ein entscheidender Motivationsfaktor für die Arbeit mit dem Hörtext und wird in *startklar* B1 mit vorentlastenden Aufgaben angeregt. Aus Platzgründen sind nicht in allen Einheiten ausführliche vorentlastende Aufgaben vorgegeben. Dafür werden hier mögliche Einstiege in die einzelnen Themeneinheiten skizziert.

Einheit	Seiten	Möglichkeiten der Vorentlastung
1	6–7	– Titel der Einheit und des Kapitels genau verstehen – Aufgabe 1 lösen – Begriffe von Aufgabe 2 klären und über die eigene Meinung sprechen – Aufgabe 3 genau lösen und anschliessend den Text evtl. zweimal hören
2	18–19	– kurzer Austausch: Wie wohnt ihr? Begriffe aus dem Schüttelkasten verwenden – Aufgabe 1 lösen und Texte zu zweit einander vorlesen – Aufgabe 2 lesen und alle Begriffe klären – Kuchendiagramm schriftlich oder zu dritt mündlich beschreiben – Aufgabe 3 einzeln oder zu zweit lösen und Lösungen mit der ganzen Gruppe besprechen
3	30–31	– Titel der Einheit und des Kapitels genau verstehen – Aufgabe 1 und 2 lösen – Aufgabe 3 lösen und darauf achten, dass alle Meinungen begründet werden – mit der ganzen Gruppe eine Rangliste erstellen, was in einer Liebesbeziehung am wichtigsten ist
4	42–43	– über eigene Ferien sprechen (Wo? Mit wem? Wie lange? Was hat am besten gefallen?) – Begriffe in der Denkblase klären und Aufgabe 1 lösen – Aufgabe 2 evtl. im Plenum lösen
5	54–55	– Titel der Einheit und des Kapitels genau verstehen – Bilder anschauen und raten lassen: Wer sind diese Personen? Welche Beziehungen haben sie untereinander? – Verwandtschaftsbegriffe sammeln – Aufgabe 1 wie angegeben bearbeiten

Didaktische Grundlagen und Instrumente

6	66 – 67	– Titel der Einheit und des Kapitels genau verstehen – Aufgabe 1 lösen und Sätze zu zweit besprechen, anschliessend mit der ganzen Gruppe besprechen – Aufgabe 2 lösen und Beispiele für Fitnesstraining sammeln – Aufgabe 3 wie angegeben bearbeiten; die Begriffe *süchtig sein nach* und *die Sucht* klären
7	78 – 79	– Titel der Einheit und des Kapitels genau verstehen – Bild anschauen und darüber sprechen: Was macht ein Filialleiter eines kleinen Supermarkts? Woher kommen die Früchte und das Gemüse? – Aufgabe 1 zu zweit lösen – Aufgabe 2 mit der ganzen Gruppe lösen
8	90 – 91	– Titel der Einheit und des Kapitels genau verstehen – über Berufe und Berufswünsche sprechen – Aufgabe 1 lösen und Lösung zu zweit vergleichen; Lösungen mit der ganzen Gruppe kommentieren – Aufgabe 2 lösen und Lösung an die Wandtafel schreiben – Aufgabe 3 lösen und zu zweit raten, was die Interviewten auf die Fragen antworten werden
9	102 – 103	– über Erfahrungen mit Geschichten sprechen – Aufgabe 1 lösen und Lösungen an der Wandtafel sammeln und kommentieren – Aufgabe 2 lösen und Stichworte an der Wandtafel ergänzen – Aufgabe 3 lösen und Begriffe mit der ganzen Gruppe klären
10	114 – 115	– Titel der Einheit und des Kapitels genau verstehen – Aufgabe 1 lösen und Lösungen an der Wandtafel sammeln und kommentieren – Aufgabe 2 lösen und Vermutungen zu zweit vergleichen

5.1.2 Während dem Hören

Aufgaben, die während dem Hören zu lösen sind, lenken die Aufmerksamkeit auf einen bestimmten Aspekt des Hörtextes und leiten zu einer bestimmten sprachlichen Handlung an. Die Aufgaben in *startklar* B1 fördern vor allem folgende im Lehrplan 21 vorgesehenen Kompetenzen:

> «D.1.B.3.f – Die Schülerinnen und Schüler …
> – können unter Anleitung wichtige, auch implizite Informationen eines Hörtextes verstehen und wiedergeben (z. B. Bericht, Vortrag, Hörspiel).
> – können Kernaussagen von Erklärungen und Berichten verstehen, notieren und visualisieren (z. B. Mindmap, Diagramm).»

> «D.1.B.3.h – Die Schülerinnen und Schüler …
> – können fehlende Informationen (z. B. bei einem Vortrag, Fernsehsendung) selbstständig erkennen, erfragen oder mit geeigneten Hilfsmitteln erschliessen.
> – können ein gezieltes Hörverständnis verschiedener Hörtexte aufbauen, um das Wichtigste zusammenzufassen (z. B. Bericht, Vortrag, Theaterstück).»

Ein Hörtext muss mehrmals und mit jeweils neuen Höraufgaben gehört werden.

Die Aufgaben in *startklar* B1 verlangen ein mehrmaliges Hören. Für die Förderung des Hörverstehens ist dies unabdingbar, denn ein komplexer Hörtext kann nicht beim ersten Hören vollumfänglich verstanden werden. Damit die Motivation zum mehrmaligen Hören bestehen bleibt, braucht es jeweils eine neue Höraufgabe, die nur durch ein erneutes Hören lösbar ist.

Für das wiederholte Abspielen von Hörtexten ist es empfehlenswert, dass die Lernenden je einen eigenen Zugang zur Webplattform haben, sodass sie die Audios auf ihren Smartphones hören können.

5.1.3 Nach dem Hören

Aufgaben nach dem Hören vertiefen das Verständnis und regen zur Reflexion an.

Aufgaben, die nach dem Hören zu lösen sind, vertiefen das Verständnis. Dazu gehören Aufgaben, die ein detailliertes Verstehen verlangen. Zum Teil sind Aufgaben zum detaillierten Hörverstehen im Arbeitsheft zu finden. Für ein detailliertes Verstehen können die Hörtexte von der Webplattform heruntergeladen und ausgedruckt werden → Kap. 1.2. Aus den zur Verfügung gestellten PDF-Dateien können die Hörtexte auch herauskopiert, in ein Word-Dokument eingefügt und bearbeitet werden, zum Beispiel für einen Lückentext, für eine Übung zum Ordnen von Textteilen oder für das Lesetraining zum Hören und Mitlesen.

Aufgaben nach dem Hören regen auch zu Reflexionen über die Inhalte an. In *startklar* B1 fördern sie unter anderem folgende im Lehrplan 21 vorgesehenen Kompetenzen:

> «D.1.D.3.e – Die Schülerinnen und Schüler ...
> – können darüber nachdenken, wie sie einen Hörtext, Film oder Redebeitrag verstanden haben und welche Informationen für ihr Ziel besonders relevant sind.
> – können ihr Verständnis eines Redebeitrags mit Bezug auf das Gehörte begründen.»

Diese Kompetenzen fordern ein kritisches Verstehen.

5.1.4 Hörverstehen testen

Die Tests in *startklar* beginnen immer mit Aufgaben zum Hörverstehen. Dadurch können diese Aufgaben zu Beginn eines Tests von der ganzen Gruppe oder Klasse gelöst werden. Die anschliessenden Testaufgaben zum Leseverstehen, Wortschatz usw. können in individuellem Tempo weiter bearbeitet werden.

Mit den Hörtexten in den Tests wird überprüft, wie gut die Hörtexte in den Themeneinheiten bearbeitet und verstanden wurden.

Die Hörtexte in den Tests lehnen sich stark an die im Themenbuch bearbeiteten Hörtexte an. Damit soll geprüft werden, ob die Lernenden die bearbeiteten Inhalte aus *startklar* B1 tatsächlich verstanden haben. Eine Vorentlastung ist aus diesem Grund nicht notwendig. Ebenso werden keine verstehensunterstützenden Aufgaben erteilt, sondern lediglich Aufgaben, die das Textverstehen überprüfen (z. B. Fragen, Richtig-falsch-Sätze, Ankreuztabellen).

Die starke Anlehnung an die Hörtexte im Themenbuch soll die Lernenden auch anregen, die Hörtexte vertieft zu bearbeiten. So können sie beim Test ein gutes Resultat erreichen und ihren Lernerfolg bewusst wahrnehmen.

5.2 Leseverstehen

Die jeweils zweite Doppelseite jeder Einheit im Themenbuch enthält Sachtexte im Format von Zeitschriftenartikeln sowie Aufgabenstellungen im Sinne eines Scaffoldings, mit deren Hilfe die Lernenden den Inhalt des Textes erschliessen können. Im Zusatzmaterial sind zu jedem Thema jeweils drei weitere didaktisierte Sachtexte zu finden, die zur Differenzierung innerhalb einer Klasse eingesetzt werden können. Zu beachten ist, dass der Text im Themenbuch von allen Lernenden bearbeitet oder zumindest gelesen werden muss, da sich eine Aufgabe im Test immer auf diesen Sachtext bezieht.

Mit den Sachtexten und den Aufgabenstellungen wird die folgende Kompetenz gemäss Lehrplan 21 gefördert:

> «D.2.B.3.h – Die Schülerinnen und Schüler können einen übersichtlich strukturierten Text als Ganzes verstehen sowie zentrale Elemente erkennen und mit der eigenen Lebenswelt in Verbindung bringen (z. B. Artikel aus Jugendzeitschrift).»

Didaktische Grundlagen und Instrumente

Analog zum Hörverstehen wird auch das Leseverstehen nicht ausschliesslich auf den Doppelseiten mit den Sachtexten gefördert. Wenn ausgedruckte Hörtexte, Vortragstexte oder Texte aus den Landeskundeseiten gelesen werden, findet implizite Leseförderung statt. Der Unterschied besteht darin, dass auf den Doppelseiten zum Leseverstehen spezifische Aufgaben zum gezielten, globalen oder detaillierten Lesen vorgegeben sind, die das Verstehen der Textinhalte unterstützen. Gleichzeitig werden effiziente Leseroutinen aufgebaut, die beim Lesen anderer Texte wieder genutzt werden können.

> Die Sachtexte müssen individuell bearbeitet werden, damit individuelle Leseleistungen erbracht werden können.

Zur Förderung der Lesekompetenz ist es unabdingbar, dass die didaktisierten Sachtexte von den Lernenden allein bearbeitet werden. Aus Studien zur Lesekompetenz ist bekannt, dass leseschwache Lernende im Unterricht die Texte nicht wirklich lesen, sondern so tun, als würden sie lesen, aber in der Tat eigentlich warten, bis in der Klasse über den Inhalt des Textes gesprochen wird. So erschliessen sie den Inhalt des Textes durch das Zuhören, nicht aber durch das eigenständige Lesen. Dies ist auch ein Grund, weshalb am Ende der obligatorischen Schulzeit gemäss den PISA-Erhebungen rund 20 Prozent der Lernenden eher schwache Lesekompetenzen aufweisen.

> Die Textdidaktisierungen müssen sorgfältig eingeführt werden, damit die Lernenden anschliessend selbstständig mit den Texten arbeiten können.

Damit die Lernenden eigenständig mit den didaktisierten Sachtexten arbeiten können, braucht es eine sorgfältige Einführung, zum Beispiel mit einem Modelling. Die Lehrperson löst beim ersten Einsatz eines didaktisierten Sachtextes die Aufgaben am Beamer gemeinsam mit der ganzen Klasse, indem sie jeden Schritt mündlich kommentiert und die Meinungen und Beiträge der Lernenden einholt. Es lohnt sich dabei auch, die Formulierungen der einzelnen Aufgaben zu kommentieren, sodass die Aufgaben genau verstanden und das Ziel jeder Aufgabe erkannt wird. Da sich viele Aufgaben in den weiteren didaktisierten Sachtexten wiederholen, können mit der Zeit alle Lernende selbstständig mit den Textdidaktisierungen arbeiten.

Die insgesamt vier didaktisierten Sachtexte pro Einheit können auch für ein Gruppenpuzzle genutzt werden. In einer Viererguppe bearbeitet je eine Person einen Sachtext und präsentiert diesen anschliessend der Gruppe. Es ist von Vorteil, wenn die letzte Aufgabe der Textdidaktisierungen, nämlich die schriftliche Zusammenfassung, vor der Präsentation in der Gruppe von der Lehrperson korrigiert wird.

Die Aufgabenstellungen sind analog zum Hörverstehen in drei Phasen gegliedert: vor, während und nach dem Hören.

5.2.1 Vor dem Lesen

Wie beim Hörverstehen ist auch beim Lesen von Texten die Vorentlastung eine wesentliche Voraussetzung dafür, dass die Lernenden motiviert sind, die Texte zu lesen. Geübte Lesende sind es gewohnt, sich vor dem Lesen eines Textes kurz Gedanken über den möglichen Inhalt zu machen. Dies geschieht in Bruchteilen von Sekunden anhand des Titels, des Leads und eventuell der Bilder. Geübte Lesende stellen fast unbewusst Vermutungen an, was wohl im Text stehen könnte, und überprüfen beim Lesen ständig ihre Erwartungen. Leseschwache Lesende überspringen diese strategische Lesehandlung, beginnen die Lektüre bei der ersten Zeile und haben dann Mühe, den Text global zu verstehen. Sie verstehen zwar die einzelnen Wörter und Sätze, können aber dem Text oft keinen übergeordneten Sinn entnehmen.

> Die Vorentlastung ist das A und O für ein verstehendes und motiviertes Lesen.

Durch die Vorentlastung werden die Lernende neugierig auf die Inhalte. Dies geschieht in *startklar* B1 immer anhand des Titels, des Leads und der Bilder. Die Lernenden werden angeleitet, Assoziationen zum Titel und zum Lead zu notieren. Dadurch aktivieren sie ihr bestehendes Wissen in Bezug auf das Thema des Textes. Im Lehrplan 21 wird dies im Kompetenzbereich *Verstehen von Sachtexten* wie folgt beschrieben:

> «D.2.B.2.e – Die Schülerinnen und Schüler …
> – können übersichtliche Sachtexte mit Fotos und Abbildungen überblicken.
> – können das eigene Vorwissen aktivieren und mithilfe von eigenen oder vorgegebenen Fragen eine Leseerwartung aufbauen.
> – können Abbildungen zum Verstehen des Textes nutzen.»

Diese Kompetenzen sind unabdingbar für das globale Verstehen eines Textes. Durch die Vorentlastung werden zudem der Kontext sowie die Schlüsselbegriffe geklärt und das notwendige Sach- oder Weltwissen gesichert, das es zum Verständnis des Textes braucht.

5.2.2 Während dem Lesen

Nachdem die Lernenden Erwartungen aufgebaut und den Kontext und die Schlüsselwörter geklärt haben, sind sie bereit, den Inhalt des Textes lesend zu erschliessen. Die Aufgaben leiten die Lernenden an, den Text abschnittsweise zu lesen und bestimmte Informationen zu markieren, herauszuschreiben oder zu skizzieren.

Im Lehrplan 21 wird dies im Kompetenzbereich *Verstehen von Sachtexten* wie folgt beschrieben:

> «D.2.B.2.f/g – Die Schülerinnen und Schüler können …
> – in kurzen Sachtexten mit Unterstützung Wesentliches markieren und Unklarheiten kennzeichnen.
> – die Struktur eines Textes erkennen und explizite Informationen entnehmen.
> – Informationen aus unterschiedlichen Sachtexten unter Anleitung verarbeiten (z. B. Stichwortliste, Mindmap, Zeitstrahl).
> – unter Anleitung Informationen aus übersichtlichen Grafiken, Diagrammen und Tabellen entnehmen.»

Beim Lesen eines Textes geht es vorerst darum, sich auf Verstehensinseln zu konzentrieren und ausgehend davon nicht Verstandenes abzuleiten.

Was in *startklar* B1 während des Lesens bewusst *nicht* verlangt wird, ist das Markieren unbekannter Wörter. Diese Strategie verhindert, wie bereits betont, die Kompetenz, Unbekanntes auszuhalten und zu versuchen, den Text als Ganzes zu verstehen. Dies wird möglich, wenn die Lernenden sich auf das konzentrieren, was sie verstehen. Aus diesem Grund steht bei vielen Texten in *startklar* B1 die Aufgabe: «Lies den Text und konzentrier dich auf das, was du verstehst.» Damit wird die gleiche Strategie wie beim Hörverstehen eingesetzt, nämlich ausgehend von den Verstehensinseln auch die Inhalte der nicht oder nur annähernd verstandenen Textteile abzuleiten.

> «D.2.B.3.h – Die Schülerinnen und Schüler können mit Unterstützung die Bedeutung von unbekannten Wörtern aus dem Kontext […] erschliessen […].»

5.2.3 Nach dem Lesen

Die Wortschatzarbeit erfolgt immer, nachdem der Text verstanden wurde.

Das Klären unbekannter Wörter und Formulierungen ist eine Lernaktivität, die immer nach dem Lesen, das heisst nach dem globalen Verstehen des Textes, stattfinden soll. Dazu können die entsprechenden Wortschatzlisten eingesetzt werden, die den produktiven Wortschatz vorgeben. In den Textdidaktisierungen wird diese Aufgabe nicht ausdrücklich erwähnt, genauso wenig wie in den anderen Teilen einer Einheit. Die Wortschatzarbeit ist eine kontinuierliche Lerntätigkeit, die gleichsam automatisiert werden muss → **Kap. 7**.

Am Schluss der Aufgabenstellungen werden die Lernenden jeweils aufgefordert, zu jedem Abschnitt einen zusammenfassenden Satz zu schreiben. Dadurch entsteht keine kohärente Zusammenfassung, sondern es entstehen lediglich Sätze, die den Kerninhalt wiedergeben sollen. Falls die Kompetenz, eine Zusammenfassung schreiben zu können, gefördert werden soll, dann ist es empfehlenswert, diese Textsorte anhand unterschiedlicher Texte mit der ganzen Gruppe im Sinne eines Modellings zu üben → Kap. 6.2.

> **Die Leseflüssigkeit ist eine Grundvoraussetzung für das verstehende Lesen und kann mit der Lerntechnik «Hören und mitlesen» trainiert werden.**

Da die Leseflüssigkeit ein entscheidender Faktor für das Verstehen von Texten ist, lohnt es sich, die bearbeiteten Texte von leseschwachen Lernenden flüssig lesen lernen zu lassen. Zu diesem Zweck wird im Zusatzmaterial die (bereits in *startklar* A1 und A2 eingeführte) Lerntechnik «Hören und mitlesen» angeboten. Es lohnt sich, diese Technik sorgfältig einzuführen und den Lernenden zu erklären, weshalb sie wichtig ist.

Im Lehrplan 21 wird die Leseflüssigkeit im Kompetenzbereich *Grundfertigkeiten* wie folgt beschrieben:

> «D.2.A.2.f/g – Die Schülerinnen und Schüler ...
> – können einen längeren geübten Text flüssig vorlesen.
> – verfügen über ein Lesetempo, das dem Textverstehen dient.
> – können einen geübten Text flüssig, mit angemessener Intonation und verständlich vorlesen.»

> **Die Reflexion über Aufgaben und über das entsprechende Leseverhalten fördert die Lesekompetenz.**

Lernende sollen ab und zu über Sinn und Zweck einer Aufgabe oder einer Lesetechnik reflektieren. Dadurch handeln sie nicht nur gemäss der Aufgabe; ihnen wird auch bewusst, warum ein bestimmtes Leseverhalten von Vorteil ist.

Im Lehrplan 21 wird dies im Kompetenzbereich *Reflexion über das Leseverhalten* wie folgt beschrieben:

> «D.2.D.3.d – Die Schülerinnen und Schüler ...
> – können unter Anleitung beschreiben, auf welche Weise sie eine vorgegebene Lesestrategie angewendet haben und wie sie diese verbessern könnten.
> – können mithilfe von Rückfragen beschreiben, wieso beim Textverstehen Probleme aufgetaucht sind und welche Schlüsse sie daraus ziehen.
> – können sich darüber austauschen, welche Leseinteressen sie haben, und können ihre Lektürewahl begründen.»

5.2.4 Leseverstehen testen

Die Lesekompetenz wird in den Tests von *startklar* B1 nicht getestet. Wohl aber wird in einer Aufgabe geprüft, ob die Inhalte des Sachtextes im Themenbuch verstanden wurden. Aus diesem Grund ist es unabdingbar, dass alle Lernenden den Sachtext im Themenbuch bearbeitet oder zumindest gelesen haben.

6 Förderung der produktiven Kompetenzen

Im Lehrplan 21 werden die produktiven Kompetenzbereiche *Sprechen* und *Schreiben* wie folgt unterteilt:

Sprechen

A Grundfertigkeiten
B Monologisches Sprechen
C Dialogisches Sprechen
D Reflexion über das Sprech-, Präsentations- und Gesprächsverhalten

Schreiben

A Grundfertigkeiten
B Schreibprodukte
C Schreibprozess: Ideen finden und planen
D Schreibprozess: formulieren
E Schreibprozess: inhaltlich überarbeiten
F Schreibprozess: sprachformal überarbeiten
G Reflexion über den Schreibprozess und eigene Schreibprodukte

Was auf den ersten Blick auffällt, ist eine stärkere Gewichtung des Schreibens gegenüber dem Sprechen. Auch ist der Aufbau der beiden Kompetenzbereiche grundsätzlich unterschiedlich gegliedert, obschon Sprechen und Schreiben als produktive Kompetenzen durchaus ähnliche Anforderungen stellen, vor allem wenn es um textuell durchformte Sprachprodukte geht. Bei der näheren Analyse der Kompetenzbeschreibungen merkt man aber, dass sich im Kompetenzbereich *Sprechen* mehrere Sprachleistungen auf eine geschriebene Vorarbeit abstützen. Das gilt zum Beispiel beim Recherchieren, Gestalten, Schreiben und Halten eines Sachvortrags oder beim Erstellen eines Podcasts.

In *startklar* B1 verhält sich diese Korrelation ähnlich. Auf den Doppelseiten zum dialogischen Sprechen werden die Lernenden aufgefordert, anhand von Beispieldialogen eigene Dialoge zu schreiben und anschliessend zu sprechen oder vorzuspielen. Auf den Doppelseiten zum monologischen Sprechen werden die Lernenden angeleitet, anhand eines bearbeiteten Sachtextes einen Vortrag zu schreiben und nach der Korrektur des Textes den Vortrag zu halten. Das Schreiben von Texten spielt somit nicht nur auf den Doppelseiten zum Schreiben eine grosse Rolle. Im Zentrum sämtlicher Spracharbeit stehen aber immer sowohl die Förderung der sprachlichen Kompetenz im engeren Sinne (Wort- und Formulierungsschatz, formale Korrektheit im Sprechen und Schreiben) als auch die Entwicklung der für den Schulerfolg notwendigen Textkompetenz (Kohärenz und Differenziertheit in mündlichen und schriftlichen Texten) → Kap. 4.1.

Was *startklar* B1 speziell auszeichnet, sind die fremdsprachdidaktischen Aufgabentypen gemäss den folgenden Kategorien:

1. reproduktive Sprech- oder Schreibaufgaben, bei denen es vor allem um die Korrektheit und um die Geläufigkeit geht,
2. gelenkte Sprech- oder Schreibaufgaben, bei denen es um den Ausbau der sprachlichen und textuellen Kompetenzen geht,
3. freie Sprech- oder Schreibaufgaben, die im Unterricht laufend vorkommen, jedoch in *startklar* B1 nur vereinzelt angeleitet werden.

Im Folgenden werden die drei Aufgabentypen sowie ihre didaktischen Umsetzungsmöglichkeiten für das Sprechen und das Schreiben anhand von Beispielen aus dem Lehrmittel genauer beschrieben.

6.1 Sprechen

Menschen sind fähig, Sprachen im sozialen Kontakt und ohne didaktische Steuerung zu lernen.

Alle Menschen sind fähig, eine Sprache im sozialen Kontakt, ausschliesslich hörend und sprechend, zu lernen. Das gilt für Kleinkinder wie auch für Jugendliche und Erwachsene, unabhängig von ihrem Bildungsgrad. Viele Arbeitsmigrantinnen und -migranten lernen die neue Sprache am Arbeitsort und im Alltag ungesteuert, das heisst ohne didaktische Lenkung und zum Teil ohne schriftliche Unterstützung. Sie lernen Formulierungen und Wörter in Kommunikationssituationen rein imitativ, und zwar so weit, bis sie im (Arbeits-)Alltag das für sie Notwendige verstehen und sich verständlich machen können. Die so angeeignete Sprache entspricht zwar formal bei Weitem nicht den Normen der Zielsprache, sie ist aber im unmittelbaren sozialen Kontakt verständlich. Diese reduzierte Sprachform bezeichnet man als «Interimssprache», eine Sprache also, die ein Zwischenstadium im Spracherwerbsprozess darstellt.

Das Spezielle am ungesteuerten Spracherwerb im fortgeschrittenen Alter ist, dass wenig Anspruch auf Korrektheit besteht – es geht fast ausschliesslich um die Funktionalität. Dies führt dazu, dass Fehler nicht weiter behoben werden, solange sie nicht zu Missverständnissen führen. Die Fehler werden zum festen Bestandteil der Interimssprache, was den Spracherwerbsprozess zum Stillstand bringt. Die interimssprachlichen Fehler bleiben bestehen, die Interimssprache entwickelt sich nicht weiter. In der Linguistik spricht man auch von «fossilierten Fehlern» oder «fossilierten Interimssprachen».

Jugendliche lernen Sprache am besten über das Mündliche.

Junge Lernende erwerben Sprachen schnell und gut über das Mündliche. Dies kann man unter anderem auch beim Erwerb der Mundart beobachten. Obschon die Mundart ausserschulisch erworben wird, entwickelt sie sich in der Regel relativ schnell, auch bei spät eingewanderten Jugendlichen. In *startklar* wird das Lernen über das Mündliche stark genutzt, und zwar aus zwei Gründen: Erstens ist das Mündliche die klar bevorzugte Kommunikationsform von Jugendlichen. Im Mündlichen können Jugendliche ihre auditive Lernstärke voll ausnutzen, indem sie Formulierungen, Wörter und grammatikalische Formen als Klangbilder abspeichern und imitierend abrufen. Diesen Prozess kann man auch daran erkennen, dass neu zugewanderte Jugendliche nicht nur relativ schnell Deutsch lernen, sondern auch den lokalen Akzent erwerben. Die Sprache wird gleichsam als Melodie gelernt. Das Schriftliche ist dagegen immer mit zusätzlichen kognitiven Anforderungen verbunden. Die Buchstaben müssen decodiert und die gelesenen Wörter und Sätze in einen Klang umgesetzt werden. Vor allem für leseschwache Lernende bedeutet das Schriftliche einen erschwerten Zugang zur Sprache. Der zweite Grund, weshalb in *startklar* B1 das Mündliche stark genutzt wird, ist die Fossilierungsgefahr. Falsche Formulierungen können schnell zur Routine werden. Dagegen hilft einzig und allein eine gezielte intensive Förderung der Sprechfertigkeit, wie sie in *startklar* angelegt ist. Dabei werden drei Formen des Sprechens unterschieden: das reproduktive, das gelenkte und das freie Sprechen.

6.1.1 Reproduktives Sprechen

Das Vorspielen von Dialogen unterstützt die Sprechflüssigkeit und die Auftrittskompetenz.

Vorgegebene Dialoge sind prädestiniert, auswendig gelernt und theatralisch vorgespielt zu werden. Dadurch entwickeln die Lernenden die notwendige Sprechflüssigkeit in der Standardsprache, um sich in analogen Situationen angemessen und korrekt ausdrücken zu können. Sie entwickeln aber auch Selbstsicherheit und Auftrittskompetenz, die für die Bildungslaufbahn ebenso wichtig sind wie ein fehlerfreies Deutsch. Im Lehrplan 21 sind die entsprechenden Grundfertigkeiten wie folgt formuliert:

> «D.3.A.3.e – Die Schülerinnen und Schüler ...
> - können Standardsprache flüssig sprechen, wobei diese mundartlich und erstsprachlich gefärbt sein darf.
> - können das Zusammenspiel von Verbalem, Nonverbalem und Paraverbalem zielorientiert einsetzen (z. B. Vorstellungsgespräch).»

Mit reproduktiven Sprechaufgaben entwickelt sich sprachliche Korrektheit.

Das reproduktive Sprechen wird in *startklar* B1 nicht ausschliesslich beim Vorspielen von Dialogen gefordert. Insbesondere in den Aufgaben im Arbeitsheft kommen immer wieder Formulierungen vor, die reproduktives Sprechen verlangen, wie zum Beispiel:

- Lies die Sätze in der Tabelle laut.
- Lies den Text mehrmals laut.
- Lies die Sätze nach der Korrektur mehrmals laut.
- Lern den Text nach der Korrektur fliessend vorlesen.
- usw.

Mit diesen Aufgaben erwerben die Lernenden korrekte Formulierungen, die sich zu Sprechroutinen entwickeln. Sie lernen die Formulierungen als sogenannte Chunks (sprachliche «Klötze»), die in anderen Situationen genau gleich wiederverwendet werden können. Diese Aufgaben unterstützen die natürlichen Spracherwerbsmechanismen und wirken vorbeugend gegen die Fossilierung falscher Formen oder Strukturen. Dadurch wird die vom Lehrplan 21 geforderte Kompetenz gefördert:

> «D.3.A.3.e – Die Schülerinnen und Schüler können Wörter, Wendungen und Satzmuster in für sie neuen Situationen angemessen verwenden.»

Das Auswendiglernen von Dialogen und Texten baut das «Sprachgefühl» auf.

Das Auswendiglernen von Sätzen und Texten baut zudem ein implizites Grammatikwissen auf, das man landläufig auch «Sprachgefühl» nennt. Menschen mit Deutsch als Erstsprache können, ohne zu überlegen, entscheiden, welche der zwei folgenden Formen korrekt ist: *am häufigsten* oder *am häfigste**.[1]

Das implizite Grammatikwissen bzw. das Sprachgefühl beruht auf dem Klangbild, das sich im Verlauf des Erstspracherwerbs gefestigt hat. Dieses implizite Grammatikwissen ist auch für das grammatikalisch korrekte Schreiben ausschlaggebend. Korrekte Klangbilder ermöglichen es, Deutsch zumindest grammatikalisch korrekt zu schreiben. Das explizite Grammatikwissen, das heisst die Kenntnis der grammatikalischen Regeln, ist für den Spracherwerb an sich eigentlich gar nicht notwendig → Kap. 8.

Eine ganz einfache Form des reproduktiven Sprechens findet beim lauten Mitlesen statt. Die Lernenden hören einen Text (ab Audiofile oder von der Lehrperson vorgelesen) und lesen ihn laut mit. Dadurch wird einerseits die Geläufigkeit im Lesen und im Sprechen trainiert. Andererseits werden aber auch die Wortbilder zusammen mit den korrekten Klangbildern memoriert, was sich wiederum auf die Rechtschreibung positiv auswirkt. Im Zusatzmaterial zur Einheit 1 wird die entsprechende Lerntechnik aus *startklar* A1 und A2 angeboten. Diese Lerntechnik ist besonders bei sprachschwachen Lernenden sehr zu empfehlen.

Für das Auswendiglernen wird im Zusatzmaterial der Einheit 1 ebenfalls eine Lerntechnik aus *startklar* A1 und A2 angeboten. Bei Aufgaben, die den Einsatz einer bestimmten Lerntechnik verlangen, wird mit dem entsprechenden Signet auf die Lerntechnik verwiesen.

---

[1] Das Sternchen (*) signalisiert, dass der Ausdruck fehlerhaft ist.

6.1.2 Gelenktes Sprechen

Mit gelenkten Sprechaufgaben wird Sprachkompetenz gefördert und Textkompetenz aufgebaut.

Gelenkte Sprechaufgaben bieten den Lernenden ein Scaffolding, um selbstständig möglichst korrekte Sätze und kohärente Texte zu formulieren. Dadurch werden sowohl die Sprachkompetenz an sich gefördert als auch die für den Schulerfolg notwendige Textkompetenz aufgebaut → Kap. 4.1 . In *startklar* B1 werden stark gelenkte und schwach gelenkte Sprechaufgaben angeboten. Bei den stark gelenkten Sprechaufgaben sind praktisch alle Elemente für die Satzbildung oder für das Verfassen eines Textes vorgegeben; die Elemente müssen lediglich sinnvoll zusammengesetzt werden. Bei schwach gelenkten Sprechaufgaben erhalten die Lernenden mögliche Formulierungen, in der Regel Satzanfänge, die sie selbstständig anpassen und erweitern sollen.

Gelenkte Sprechaufgaben müssen sorgfältig eingeführt werden.

Die stärkste Form der Lenkung besteht aus einem Mustertext, den die Lernenden durch Ersetzen einzelner Wörter oder Satzteile zu einem eigenen Text umwandeln. In *startklar* B1 findet das vor allem beim Variieren eines Dialogs statt. Dieser Aufgabentyp muss sorgfältig eingeführt werden, am besten anhand eines sogenannten Modellings. Dabei erklärt die Lehrperson die Aufgabe, indem sie diese zusammen mit den Lernenden kommentierend und visualisierend am Beamer ausführt.

Im Arbeitsheft werden in jeder Einheit sogenannte Wechselspiele zum Einüben grammatischer Formen und Strukturen angeboten. In den Wechselspielen tauschen zwei Lernende vorgegebene Informationen aus. Auch hier handelt es sich um stark gelenkte Sprechübungen, bei denen die Lernenden fast keine Fehler machen können. Beim ersten Einsatz ist es von Vorteil, die Lernenden genau zu instruieren. Insbesondere sollen die Lernenden gegenseitig kontrollieren, ob die Sätze korrekt gesprochen wurden.

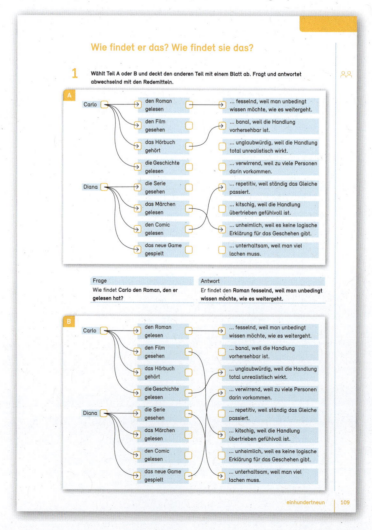

Eine schwächere Lenkung bieten Aufgaben, bei denen die Inhalte von den Lernenden selbst gewählt werden. Bei solchen Aufgaben werden die Übungssätze in Sprechblasen vorgegeben. Die Inhalte werden dann von den Sprechenden selbst gewählt. Es lohnt sich, die Lernenden anzuhalten, zuerst einige Informationen schriftlich zu notieren oder im Arbeitsheft zu markieren, bevor sie die Sätze sprechen.

Für die Vorträge im Bereich des monologischen Sprechens erhalten die Lernenden ebenfalls eine relativ starke Form von Lenkung. Die Grundlage für die Vorträge sind die Sachtexte, die vorgängig zur Förderung des Lesekompetenz bearbeitet wurden. Auf den Doppelseiten zum monologischen Sprechen erhalten die Lernenden Stichworte und Sätze, die den Sachtext zusammenfassen. Anhand eines Scaffolds schreiben die Lernenden ihren Vortrag, den sie nach der Korrektur fast auswendig vortragen sollen. Der Vortragstext lehnt sich stark an den Sachtext an und wird durch selbst recherchierte Inhalte ergänzt. Das Vortragen an sich kann eigentlich als reproduktives Sprechen gesehen werden, allerdings zeigt sich in der Praxis, dass die Vortragenden ihren geschriebenen Text oft verlassen und alternative Formulierungen produzieren. Diese Spracharbeit führt die Lernenden zu folgenden Kompetenzen gemäss Lehrplan 21:

> «D.2.B.3.g – Die Schülerinnen und Schüler ...
> – können Sachtexte im Rahmen einer Recherche beschaffen (z. B. im Internet, in der Bibliothek) und die darin enthaltenen Informationen mithilfe von Leitfragen für weitere Arbeiten nutzen (z. B. Referat).
> – können Informationen aus unterschiedlichen Sachtexten unter Anleitung verarbeiten (z. B. Stichwortliste, Mindmap, Zeitstrahl).»

Für das Einüben des Vortrags kann die Lerntechnik «Einen Vortrag üben» aus Einheit 1 eingesetzt werden (Arbeitsheft, S. 13).

Nach dem Vortrag sollen die Zuhörenden Rückmeldungen geben. Dazu stehen im Zusatzmaterial bei jeder Themeneinheit entsprechende Formulierungen zu Verfügung. Beim ersten Einsatz müssen diese Seiten mit Beispielsätzen erklärt werden. Erfahrungsgemäss werden dank diesen Formulierungen differenzierte Rückmeldungen gegeben. Gleichzeitig werden auch Nebensätze formuliert, die eigentlich nicht zum Niveau B1 gehören, wie zum Beispiel der Modalsatz *Du könntest deine Vorträge verbessern, indem du ...*.

Didaktische Grundlagen und Instrumente

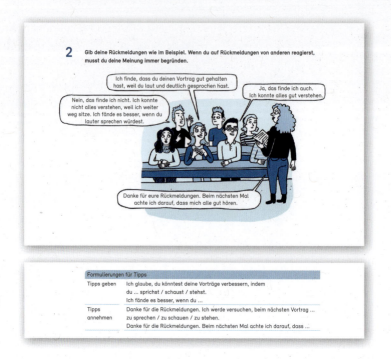

6.1.3 Freies Sprechen

Beim freien Sprechen realisieren die Lernenden Sprachleistungen genau auf ihrem aktuellen Sprachstand.

Freies Sprechen findet statt, wenn die Lernenden nur ganz wenig Unterstützung für ihre Sprachproduktion erhalten. In *startklar* B1 wird freies Sprechen in der Regel wie im folgenden Beispiel angeleitet.

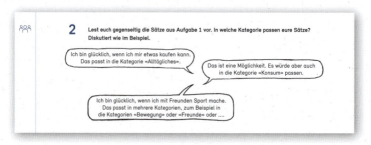

Die Lernenden können zwar die ersten Gesprächsschritte nachlesen, müssen aber die folgenden Gesprächsschritte frei formulieren. In solchen Situationen realisieren die Lernenden eine Sprachleistung gemäss ihren momentanen Kompetenzen. In solchen didaktischen Sequenzen äussern die Lernenden ihre Meinung und reagieren auf Meinungen anderer. Dies sind pädagogisch wichtige Sequenzen, da die Lernenden mit anderen Sichtweisen konfrontiert werden und ihre eigenen Meinungen differenziert ausdrücken können. Diese Sequenzen tragen aber in erster Linie zur Festigung der Sprachkompetenz bei, denn die Lernenden produzieren genau das, was sie schon können. Wesentlich ist in solchen Situationen, dass keinerlei Ansprüche an die Korrektheit und keine Korrekturinterventionen stattfinden, denn das Ziel ist die freie Meinungsäusserung und nicht die Förderung der Sprachkompetenzen.

In *startklar* B1 werden immer wieder Formulierungen für Gespräche oder Diskussionen angeboten. In diesen Fällen lohnt es sich, die Lernenden aufzufordern, pro Kategorie eine Formulierung zu wählen und diese im Gespräch oder in der Diskussion einzusetzen.

6.1.4 Korrektur von mündlichen Fehlern

> Es gibt keinen (Zweit-)Spracherwerb ohne Normverstösse.

Fehler im (Zweit-)Spracherwerbsprozess sind normale Erscheinungen. Wesentlich ist, dass Fehler sich nicht über längere Zeit wiederholen und mit der Zeit fossilieren, das heisst sich so tief verankern, dass sie kaum mehr korrigiert werden können.

Der Gefahr der Fossilierung kann durch reproduktive Sprechaufgaben begegnet werden, bei denen es um das genaue Wiedergeben der vorgegebenen Sätze geht. Zu beachten ist, dass beim reproduktiven Sprechen durchaus auch interimssprachliche Fehler vorkommen, obschon die Textvorlage korrekt ist. Dies ist nicht nur bei Zweitsprachlernenden so, sondern auch bei Deutsch sprechenden Lernenden. Ein typisches Beispiel sind Akkusativfehler: Der vorgegebene Satz «Ich habe gestern deinen Bruder gesehen» wird oft so gesprochen, wie es in der Sprechroutine der Schülerin oder des Schülers verankert ist, nämlich «Ich habe gestern dein Bruder gesehen*».

Solche kleinen Fehler sind auch für Mundartsprechende typisch. Sie fallen aber meist erst beim Abspielen einer Ton- oder Videoaufnahme auf. Aus diesem Grund lohnt es sich, ab und zu Dialoge oder Texte fast auswendig lernen zu lassen, das Vorgetragene aufzunehmen und anschliessend genau zu prüfen. Diese akribische Arbeit an der Korrektheit im Sprechen ist aufwendig, aber notwendig. Ohne sie bleiben interimssprachliche Fehler nicht nur im Mündlichen bestehen, sondern erscheinen auch in schriftlichen Texten.

6.1.5 Sprechen testen

In den Tests von *startklar* B1 sind keine Sprechaufgaben enthalten. Für Lernende auf dem Niveau von *startklar* B1 können einzelne Vorträge als Tests eingesetzt werden, wobei die Beurteilungskriterien den Rückmeldungskriterien aus dem Zusatzmaterial entsprechen sollten.

6.2 Schreiben

> Die Schreibkompetenz ist ein wesentlicher Faktor für den Bildungserfolg und muss deshalb gezielt und intensiv gefördert werden.

Für den Schul- und Bildungserfolg spielt eine ausgeprägte Schreibkompetenz eine grosse Rolle. Auch in der Berufsausbildung wird grosser Wert auf Schreibkompetenzen gelegt, nicht zuletzt, weil in vielen Berufen unter anderem das schriftliche Rapportieren zum Berufsalltag gehört. Aus diesen Gründen wird das Schreiben im Lehrplan 21 wie auch in *startklar* B1 stark gewichtet.

Auf den Doppelseiten zum monologischen Sprechen und den darauffolgenden Doppelseiten zum Schreiben werden die Lernenden aufgefordert, längere Texte zu schreiben. Innerhalb einer Themeneinheit schreiben sie aber nicht nur zwei längere Texte, sondern auch einen Dialog und mehrere kurze Texte. Alle diese schriftlichen Leistungen werden mit Mustertexten und Beispielformulierungen gemäss Lehrplan 21 unterstützt.

> «D.4.D.3.e – Die Schülerinnen und Schüler können vorgegebene Wörter als Formulierungshilfen nutzen und so ihren produktiven Wortschatz erweitern.»

> Mustertexte und Formulierungen ermöglichen gute Texte, was zur Stärkung des Selbstvertrauens und der Lernmotivation beiträgt.

Mit den Mustertexten und den vorgegebenen Formulierungen erhalten die Lernenden ein Scaffold, dank dem sie eine sprachliche Leistung realisieren, die weit über ihrem aktuellen Sprachstand liegt. Dies führt nicht nur zu einem Ausbau der sprachlichen Kompetenzen, sondern stärkt auch das Selbstbewusstsein und die Lernmotivation.

Analog zum Sprechen werden in *startklar* B1 drei Aufgabentypen unterschieden, und zwar reproduktive, gelenkte und freie Schreibaufgaben.

6.2.1 Reproduktives Schreiben

Mit reproduktivem Schreiben ist nichts anderes als das Abschreiben von Formulierungen, Satzteilen oder Sätzen gemeint. Dieser Aufgabentyp kommt sowohl beim Verfassen eines Paralleltextes auf der Basis eines Mustertextes vor als auch in den meisten Grammatikübungen. Beim reproduktiven Schreiben geht es wie beim Sprechen vor allem um die Genauigkeit. Richtig abschreiben zu können, ist eine wichtige Voraussetzung für das Sprachlernen. Aus diesem Grund muss darauf bestanden werden, dass beim Abschreiben alles korrekt übernommen wird. Falsch Abgeschriebenes sollte eigentlich nicht toleriert werden, denn die Lernenden brauchen sich dabei nur auf eine Handlung zu konzentrieren, nämlich das korrekte Übertragen der Wörter.

Dieses konsequente Einfordern von fehlerlos Abgeschriebenem verfolgt zwei Ziele: Erstens wird dabei ein präzises und konzentriertes Arbeiten gefordert, was eine Arbeitshaltung fördert, die für den weiteren Bildungsverlauf von grosser Bedeutung ist. Zweitens fixieren sich dadurch korrekte Wortbilder im Langzeitgedächtnis, was für die Rechtschreibkompetenz grundlegend ist. Aus diesem letzten Grund wird auch auf ein spezifisches Rechtschreibetraining verzichtet.

6.2.2 Gelenktes Schreiben

Ein Text besteht aus inhaltlich aufeinander abgestimmten Abschnitten; ein Abschnitt besteht aus zusammenhängenden Sätzen.

Wie bereits betont, schreiben die Lernenden Texte ausgehend von Mustertexten und einem Scaffold mit Satzanfängen. Vor dem eigentlichen Verfassen des Textes analysieren die Lernenden den Mustertext und erkennen dessen Aufbau. Die Lernenden sollen dabei erkennen, dass ein Text zunächst aus inhaltlich aufeinander abgestimmten Abschnitten besteht und dass jeder Abschnitt zusammenhängende Sätze enthält. Dieses Grundprinzip muss den Lernenden bei jedem Mustertext bewusst gemacht werden, damit der Sinn von Abständen zwischen Abschnitten und der Aufbau des Textes erkannt werden.

Mit gelenkten Schreibaufgaben wird Sprachkompetenz gefördert und Textkompetenz aufgebaut.

Gelenkte Schreibaufgaben verfolgen immer ein doppeltes Ziel: die Förderung der Sprachkompetenz im engeren Sinne (Wortschatz und Formulierungsschatz, grammatikalische Formen und Strukturen, Rechtschreibung) und den Aufbau von Textkompetenz (Gliederung des Textes in sinnvolle Abschnitte, Formulierung von zusammenhängenden Sätzen). Damit die Lernenden die Schreibaufgaben verstehen und richtig umsetzen, bedarf es zu Beginn einer sorgfältigen Einführung mittels eines Modellings. Dabei schreibt die Lehrperson einen eigenen Text am Beamer und kommentiert laufend den eigenen Schreibprozess.

6.2.3 Freies Schreiben

In *startklar* gibt es keine Aufgaben, die ein Schreiben ohne jegliche Unterstützung erfordern. Das freie Schreiben beschränkt sich somit auf persönliche Notizen sowie auf Übersetzungen in die eigene Sprache, die von der Lehrperson nicht korrigiert werden.

In der letzten Einheit zum Thema Kreativität werden die Lernenden im Arbeitsheft angeleitet, einen Klassenroman zu schreiben. Hier findet erstmals komplett freies Schreiben statt, denn die einzelnen Kapitel des Klassenromans müssen selbstständig und ohne weitere Unterstützung geschrieben werden. Einzig durch die Rückmeldungen der Mitschreibenden erhalten die Verfassenden eines Kapitels Anhaltspunkte, wie sie ihr Kapitel differenzierter und kohärenter gestalten können.

6.2.4 Korrektur von schriftlichen Fehlern

Bei der Korrektur von Texten muss unterschieden werden, welche Teile aus dem Mustertext oder aus dem Scaffolding abgeschrieben werden konnten und welche Teile variiert oder frei formuliert wurden.

Fehler bei abgeschriebenen Textteilen sollten in einem Text eigentlich nicht vorkommen – was allerdings selten der Realität entspricht. Im Unterricht sollten die Lernenden deshalb nach jeder Schreibphase aufgefordert werden, die abgeschriebenen Textteile genau zu prüfen. Durch diese konsequente Aufforderung gewöhnen sich die Lernenden an, nach dem Schreiben den eigenen Text genau zu prüfen. Abgegebene Texte, die noch mehrere Fehler in abgeschriebenen Textteilen enthalten, sollten sofort wieder zurückgegeben werden mit dem Hinweis, dass der Text noch Abschreibfehler enthält. Dadurch zwingt man die Lernenden zu genauem Arbeiten.

Fehler in variierten oder eigenen Textteilen sollten gezielt korrigiert werden. Damit ist gemeint, dass aus einem Schülertext lediglich ein Fehlertyp ausgesucht wird, auf den der oder die Lernende aufmerksam gemacht wird. Zur Korrektur des Fehlers erhalten die Lernenden den korrekten Satz aus dem Text, eventuell erweitert durch zusätzliche Satzteile. Diesen Satz aus dem Text müssen die Lernenden als Hausaufgabe auswendig sprechen und auswendig korrekt schreiben lernen. Nach zwei bis drei Tagen wird im Unterricht geprüft, ob alle ihren eigenen Lernsatz aus dem Gedächtnis fehlerlos schreiben können. Diese Form der Lernüberprüfung kann gegebenenfalls auch benotet werden.

> Lernsätze aus eigenen Texten und die PSC ermöglichen eine individuelle und gezielte Fehlerkorrektur.

Zusätzlich zum Lernsatz führen die Lernenden eine Persönliche Schreib-Checkliste (PSC), auf der für jeden Fehlertyp ein Kriterium steht, auf das die Lernenden beim nächsten Text besonders achten sollten.

Persönliche Schreib-Checkliste (PSC)

von: _____

Worauf muss ich beim Schreiben und Überarbeiten eines Textes achten?	Datum des Eintrags	Datum des Austrags
1. Ich setzte am Ende eines Satzes immer Schlusszeichen (Punkt, Fragezeichen, Ausrufezeichen).	26.8.2020	28.9.2020
2. Ich schreibe alle vorgegebenen Wörter korrekt ab.	26.8.2020	4.11.2020
3. Ich mache Absätze.	26.8.2020	
4.		

Zu Beginn des Schuljahres erhalten die Lernenden die Persönliche Schreib-Checkliste mit den ersten drei eingetragenen Kriterien, die für alle gleich gelten. Sobald eine Schülerin oder ein Schüler ein Kriterium in einem Text erfüllt, wird das Datum eingetragen und ein neuer Fehlertyp aufgenommen.

Nach jedem Schreiben kontrollieren die Lernenden nicht nur die abgeschriebenen Wörter, sondern auch den individuellen Fehlertyp. Durch dieses Verfahren konzentrieren sich die Lernenden gezielt auf ein Problem des Schreibens und haben die Chance, dieses Problem zu beheben. Eine vollständige Korrektur der Texte, die für Lehrpersonen zeitaufwendig ist und bei Lernenden eher zu Demotivation als zu Fortschritten führt, wird mit diesem Vorgehen überflüssig.

Dieses Vorgehen ist sinnvoll bei Texten, die sich nicht an Personen ausserhalb des Unterrichts richten, sondern bei den Lernenden oder bei der Lehrperson bleiben. Texte, die für eine Publikation im weitesten Sinne bestimmt sind (Brief, Poster, Liebesroman usw.), sowie Texte, die anschliessend auswendig gelernt und vorgetragen werden müssen, werden immer von der Lehrperson vollständig bereinigt. Damit ist keine Korrektur im herkömmlichen Sinne gemeint, sondern eine direkte Bearbeitung des Textes am Computer mit dem Ziel, einen fehlerlosen Text zu veröffentlichen oder auswendig lernen zu lassen. Dieses Vorgehen lässt die Lernenden erkennen, dass Texte für andere immer korrekt sein sollten und dass dafür ein Korrektor oder eine Korrektorin eingesetzt werden kann. Dies ist auch in allen Verlagen und bei sämtlichen Zeitungen üblich.

Die Selbstkorrektur unterstützt das Memorieren korrekter Wortbilder.

Bei Übungen sollten die Lernenden ihre Leistungen auch selbst anhand der Lösungen auf der Webplattform korrigieren. Diese Korrektur kann allein oder in Partnerarbeit gemacht werden.

6.2.5 Schreiben testen

In den Tests von *startklar* B1 müssen die Lernenden sowohl Grammatik- und Wortschatzaufgaben schriftlich lösen als auch einen Text schreiben. Sämtliche Aufgabenstellungen sind in der Form identisch mit den Aufgabenstellungen, die während der Arbeit mit der Themeneinheit gelöst wurden. Nur der Inhalt variiert leicht.

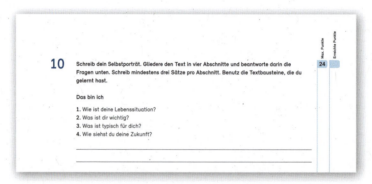

Bei der Korrektur dieser Texte sollte vor allem auf das Einhalten der Vorgaben geachtet werden (Gliederung in Abschnitte, Mindestanzahl Sätze, Angemessenheit der Inhalte in den Abschnitten). Rechtschreibfehler sollten aber nicht bewertet werden.

Folgende Bewertungskriterien können den Lernenden vorweg mitgeteilt werden:

1. Ist mein Text in vier Abschnitte gegliedert?
2. Enthält jeder Abschnitt mindestens zwei Sätze?
3. Sind genügend Informationen in den Abschnitten enthalten?
4. Sind die gelernten Textbausteine korrekt?

Zur Bewertung der geschriebenen Texte könnte zum Beispiel folgende Punkteverteilung gelten: Von maximal 20 Punkten könnten 5 Punkte für die Mindestanzahl der Sätze, 5 Punkte für die Gliederung in Abschnitte, 5 Punkte für die Angemessenheit der Inhalte und 5 Punkte für die Korrektheit der gelernten Textbausteine vergeben werden. Grundsätzlich liegt es jedoch in der Verantwortung der Lehrperson, bei diesem Aufgabentyp ein zum vorausgegangenen Unterricht und zur Gruppe der Lernenden passendes Bewertungssystem festzulegen und entsprechend den Lernenden bekannt zu geben.

7. Wortschatzerwerb und Wortschatzarbeit

In der Zweit- und Fremdsprachendidaktik unterscheidet man konsequent zwischen Produktions- und Rezeptionswortschatz. Während der Rezeptionswortschatz (oder Verstehenswortschatz) sehr umfangreich und eher schwierig zu definieren ist, kann der Produktionswortschatz relativ präzise erfasst und auch gezielt aufgebaut werden. In *startklar* konzentriert sich die Wortschatzarbeit dementsprechend auf den Produktionswortschatz.

7.1 Umfang und Auswahl des Lernwortschatzes

Mit den Teilen *startklar* A1 und A2 werden ungefähr 1800 Begriffe so vermittelt, dass sie als produktiver Wortschatz von den Lernenden in alltäglichen und schulischen Situationen genutzt werden können. Mit *startklar* B1 werden weitere 1200 Begriffe gelernt. Nach Abschluss von *startklar* B1 verfügen die Lernenden somit über einen produktiven Wortschatz von rund 3000 Begriffen. Bei Erwachsenen mit Deutsch als Erstsprache geht man je nach Bildungsgrad von einem produktiven Wortschatz von 2000 bis 20 000 Begriffen aus.

Das Goethe-Zertifikat B1 für Jugendliche und Erwachsene (2016) umfasst einen Wortschatz von rund 2400 lexikalischen Einheiten, mit denen eine reibungslose Kommunikation im Alltag möglich ist. Allerdings sind in diesem Wortschatz viele Komposita und Ableitungen nicht aufgeführt, wenn sie aufgrund bekannter Nomen oder Verben erschliessbar sind. So findet man in den Listen für das Goethe-Zertifikat B1 Wörter wie zum Beispiel *Drucker*, *Mitschüler*, *Zahlung*, *mitmachen* oder *wegbringen* nicht, da deren Bedeutung ohne Weiteres aufgrund bereits im Rahmen von A1 und A2 erworbener Wörter erschliessbar ist.

> **Der Produktionswortschatz von *startklar* umfasst Begriffe sowohl aus dem Alltag als auch aus schulischen Fächern.**

Die Differenz zwischen den 2400 Einheiten aus dem Goethe-Zertifikat B1 und den insgesamt 3000 Einheiten in *startklar* hat in erster Linie damit zu tun, dass sich die sprachlichen Ziele erheblich unterscheiden. Mit dem Goethe-Zertifikat B1 wird geprüft, ob sich eine Person im deutschsprachigen Alltag behaupten kann. Mit *startklar* wird angestrebt, dass die Jugendlichen den schulischen Anforderungen in allen Fächern genügen können. Dies bedeutet unter anderem, dass die Jugendlichen zusätzlich schulspezifische Begriffe erwerben müssen. So enthält die Wortschatzliste des Goethe-Zertifikats B1 zum Beispiel den Begriff *Umweltschutz*, aber nicht den Begriff *Umweltbelastung*. In *startklar* B1 wurde er aber in die Wortschatzlisten aufgenommen, denn *Belastung* kommt im Geografie- und im Physikunterricht durchaus vor und muss von den Lernenden auch benützt werden können. Die Relevanz für das schulische Lernen ist somit ein Kriterium, nach dem sich die Auswahl des Lernwortschatzes richtet. Zudem stützt sich die Auswahl der zu lernenden Begriffe in *startklar* auf zwei weitere Kriterien.

Erstens bestehen die Wortschatzlisten aus Begriffen, denen die Lernenden in einem Unterkapitel einer Themeneinheit begegnet sind. Das bedeutet, dass die Begriffe bereits im Kontext der bearbeiteten Inhalte weitgehend verstanden wurden. In den Listen werden die Begriffe jeweils durch einen Beispielsatz aus den bearbeiteten Texten ergänzt. Vielfach ergibt sich so eine Zusammenfassung des entsprechenden Textes im Themenbuch.

> **Die Wortschatzarbeit konzentriert sich auf einen der Zielgruppe angepassten Produktionswortschatz.**

Zweitens wurde bei der Auswahl des Produktionswortschatzes immer von der Frage ausgegangen: Sagt oder schreibt eine 14-Jährige oder ein 14-Jähriger mit Deutsch als Erstsprache dieses Wort von sich aus? Im Sachtext der Einheit 2 zum Thema «Pendelverkehr» kommt zum Beispiel das Wort *Erwerbstätige* vor. Dieser Fachbegriff ist im Kontext verständlich, denn es handelt sich im Wesentlichen um Menschen, die zur Arbeit gehen. Es ist allerdings sehr unwahrscheinlich, dass deutschsprachige Jugendliche diesen Begriff

Didaktische Grundlagen und Instrumente | 49

von sich aus mündlich oder schriftlich verwenden. Aus diesem Grund wurde dieser Begriff nicht in die Wortschatzliste aufgenommen. So werden auch andere, meist spezifische Begriffe aus einem Fachgebiet nicht in die Wortschatzlisten aufgenommen, da sie nur im Rahmen des behandelten Themas verstanden werden müssen.

7.2 Wortfamilien und Ableitungen

Wörter aus dem Produktionswortschatz müssen möglichst genau verstanden werden.

Voraussetzung für den Erwerb des Produktionswortschatzes ist immer, dass die Begriffe möglichst genau verstanden werden. Zwar ist es gang und gäbe, dass Menschen auch in ihrer Erstsprache Wörter benützen, die sie nur annähernd verstehen. Dies ist vor allem bei Fachbegriffen der Fall, die in die Alltagssprache eindringen, wie zum Beispiel *Kompetenz*, *Nachhaltigkeit* oder *Gender*. In *startklar* wird aber davon ausgegangen, dass die produktiv gelernten Begriffe möglichst genau verstanden werden. Das bedeutet unter anderem, dass im Unterricht über die Begriffe in den Wortschatzlisten auch reflektiert wird.

In den Wortschatzlisten wird jeweils angegeben, mit welchem anderen Wort ein Begriff ‹verwandt› ist. So werden zum Beispiel beim Begriff *Bewegung* die Wörter *bewegen* und *beweglich* angegeben. Die Lernenden haben so die Möglichkeit, eine Wortfamilie zu erkennen. Im Unterricht lässt sich die Wahrnehmung von Wortfamilien weiter unterstützen, indem für hochfrequente Begriffe Karten erstellt werden, in denen erweiterte Wortfamilien dargestellt werden.

die Bewegung^1, -en (= jemand oder etwas verändert die Position) → bewegen, bewegte, hat … bewegt	die Handbewegung die Körperbewegung bewegungslos beweglich (die Beweglichkeit)	eine ungeschickte Bewegung Der Zug setzt sich in Bewegung. Etwas kommt/gerät in Bewegung.
die Bewegung^2, -en (= eine Gruppe von Menschen will etwas verändern)	die Friedensbewegung die Klimaschutzbewegung	

Eine solche Wortfamilienkarte lässt sich am einfachsten mit einem Wörterbuch für Deutsch als Fremdsprache erstellen, wie zum Beispiel dem *Langenscheidt Power Wörterbuch Deutsch als Fremdsprache*, das 50 000 Stichwörter, Wendungen und Beispiele sowie mehrere illustrierte Seiten zu Themen wie «Beim Frühstück» oder «Farben und Formen» enthält. Der Vorteil eines solchen Wörterbuchs ist die Fremdperspektive. Zum Beispiel werden typische Kollokationen *(eine ungeschickte Bewegung)*, Beispielsätze *(Der Zug setzt sich in Bewegung)* und Komposita *(die Handbewegung)* aufgeführt. Im *Duden-Wörterbuch* dagegen lassen sich Wortzusammensetzungen mit dem Stichwort *Bewegung* als Grundwort *(z. B. Handbewegung)* nicht unter *Bewegung* finden.

Ein intelligenter Wortschatz ermöglicht eine Erweiterung des Verstehens- und des Produktionswortschatzes ohne zusätzlichen Lernaufwand.

Im Arbeitsheft von *startklar* B1 wird ab Einheit 3 die Wortbildung mit Vor- und Nachmorphemen thematisiert. Dadurch soll den Lernenden bewusst gemacht werden, dass der deutsche Wortschatz nicht nur über viele Wortzusammensetzungen verfügt, sondern auch über viele Ableitungen. Das Wort *Erklärung* zum Beispiel ist abgeleitet vom Verb *klären*, das wiederum vom Adjektiv *klar* abgeleitet ist. Das bewusste Wahrnehmen der Bestandteile eines Wortes führt dazu, dass die Bedeutung vieler neuer Begriffe dank dem Kontext und den Wortbildungsregeln verstanden werden kann, ohne das Wörterbuch benützen zu müssen. Das Ziel dieser Form von Wortschatzarbeit ist der Aufbau eines intelligenten Wortschatzes, in dem die Begriffe miteinander vernetzt sind und dadurch effizienter genutzt werden können. Der Verstehens- und der Produktionswortschatz können dadurch selbstständig erweitert werden, ohne dass Begriffe als einzelne lexikalische Einheiten gelernt werden müssen.

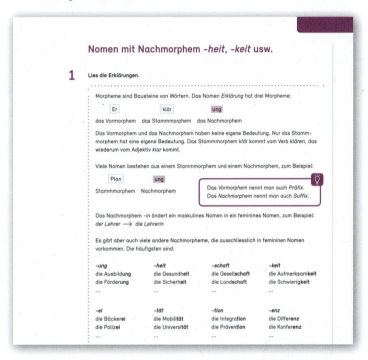

7.3 Wortschatztraining

Der Einsatz der Wortschatzlisten kommt nach der Arbeit am Thema.

Das Wortschatztraining ist ein wichtiger Bestandteil des Sprachlernens und erfolgt immer nach der Bearbeitung eines Themas. Dadurch wird sichergestellt, dass die neu zu lernenden Begriffe in einem thematischen Kontext stehen und damit auch als thematisches Netz memoriert werden können. Die Lernenden können so ihre natürlichen Erwerbsmechanismen nutzen, denn Menschen lernen nicht additiv, zum Beispiel mit Listen alphabetisch geordneter Wörter, sondern assoziativ in einem bestimmten Handlungszusammenhang oder im Rahmen eines behandelten Themas. Tatsächlich ist es so, dass Menschen sehr gut fähig sind, assoziativ sehr viele verschiedene Begriffe zu nennen, die ihnen extra zum Thema Pendelverkehr in den Sinn kommen. Schwieriger ist es dagegen, Begriffe einer bestimmten Kategorie aufzuzählen, wie etwa Verben der Bewegung oder Baumsorten. Dafür wird mehr Denkleistung verlangt, weshalb der Mensch meistens nur auf eine eher begrenzte Anzahl von Begriffen kommt. Aus diesem Grund ist es unabdingbar, dass die Wortschatzarbeit immer nach der Behandlung eines Inhaltes oder Textes angesetzt wird und das assoziative Lernen unterstützt.

Für das Wortschatztraining stehen drei Möglichkeiten zur Verfügung.

1. Wortschatzlisten

Das Training des Produktionswortschatzes sollte immer eine ‹tönende› Tätigkeit sein.

Die Wortschatzlisten zu den 10 Einheiten von *startklar* B1 sind für die Lehrperson auf der Webplattform als PDF- oder Excel-Dateien abrufbar. Je nach Voraussetzungen der Lernenden können die Excel-Listen erweitert oder gekürzt werden. Wesentlich ist, dass zusammen mit den Begriffen auch die Beispielsätze aus den Inhalten der Einheit im Themenbuch und im Arbeitsheft gelernt werden, und zwar sprechend. Auf diese Weise vernetzen die Lernenden eine Wortbedeutung mit dem Beispielsatz als Klangbild.

2. Wörterbox mit Wortschatzkarten

Im Arbeitsheft der Einheit 1 wird die bereits in *startklar* A1 und A2 eingeführte Lerntechnik mit Wortschatzkarten und einer Wörterbox wieder aufgenommen (Arbeitsheft, S. 16). Die Wortschatzkarten enthalten auf der Vorderseite einen Lückensatz, der mit dem fehlenden Wort gesprochen werden soll. Zur Kontrolle steht das gefragte Wort auf der Rückseite. Dadurch memorieren die Lernenden ganze Sätze aus dem Kontext der behandelten Inhalte.

Diese Form des Wortschatzlernens ermöglicht eine grössere Individualisierung, denn die Lernenden können selbst entscheiden, welche zusätzlichen Wörter (zum Beispiel aus den Landeskundeseiten) und welche Karten mit Wortfamilien sie in die Wörterbox aufnehmen wollen.

3. Lerntools im Internet

Für das Wortschatztraining stehen im Internet verschiedene Lerntools zur Verfügung, die nach demselben Lernprinzip wie die Wörterbox funktionieren (z. B. *www.quizlet.com oder www.bitsboard.com*). Der Vorteil solcher Lerntools besteht darin, dass bestehende Kartensets zu *startklar* übernommen und angepasst werden können. Die Wörter kann man als Audiodateien abspielen und es werden verschiedene Trainingsformate angeboten. Der Nachteil ist, dass dieses Training ausschliesslich online möglich ist.

7.4 Wortschatz testen

In den Tests von *startklar* B1 sind auch Wortschatzüberprüfungen enthalten. Die Aufgabenstellungen prüfen allerdings nur einen Teil des produktiven Wortschatzes einer Einheit. Es empfiehlt sich deshalb, periodisch zusätzliche, auf den bearbeiteten Wortschatzlisten basierende Wortschatztests durchzuführen.

Zur Überprüfung des Lernerfolgs können Wortschatztests in unterschiedlicher Form eingesetzt werden:

– Lückentexte
– Synonyme/Antonyme
– Wort der entsprechenden Umschreibung zuordnen

Wortschatztests sind nicht automatisch auch Rechtschreibtests.

Zu betonen ist, dass Wortschatztests nicht zwangsläufig auch als Rechtschreibtests zu verstehen sind. Für Rechtschreibfehler sollte nur dann ein Abzug gemacht werden, wenn die Lernenden genau wissen, dass der Test den Wortschatz und die korrekte Schreibweise prüft.

8. Grammatikerwerb

In *startklar* wird von dem didaktischen Prinzip ausgegangen, dass die Lernenden neuen grammatikalischen Formen und Strukturen zuerst innerhalb eines thematischen Kontextes begegnen. Dies entspricht dem kommunikations- und handlungsorientierten Ansatz der Zweit- und Fremdsprachdidaktik, in dem es primär um Inhalte geht. Die Lernenden verstehen und produzieren Sätze und Texte, ohne dass sie sich vorweg über grammatikalische Formen und Strukturen Gedanken machen sollen. Dadurch wird der Erwerb von implizitem Grammatikwissen unterstützt, das heisst, die Lernenden wissen dank dem Mustertext, dass man beispielsweise *In wenigen Monaten beginnt für mich ...* oder *Im Moment beschäftigt mich ...* sagt, sie können aber nicht explizit erklären, warum die grammatikalischen Formen so sind. Sie produzieren aufgrund des Mustertextes analoge Sätze, die ebenfalls mit *In wenigen Monaten beginnt für mich ...* oder *Im Moment beschäftigt mich ...* beginnen, und erwerben dadurch diese Formulierungen als sogenannte Chunks.

Deutschsprachige besitzen ein ausgeprägtes implizites Grammatikwissen («Sprachgefühl»). Dieses Sprachgefühl erlaubt es ihnen, grammatikalisch richtige Formen und Strukturen von falschen zu unterscheiden. Explizites Grammatikwissen umfasst dagegen das Regelwissen über Formen und Strukturen. Über dieses Wissen verfügen nicht alle Deutschsprachigen. So wissen viele beispielsweise nicht unbedingt, was ein Passiv ist und dass das Passiv mit dem Hilfsverb *werden* gebildet wird.

Der Lehrplan 21 geht davon aus, dass die Lernenden bereits über ein altersgemässes implizites Grammatikwissen verfügen. Was sie schulisch lernen, ist explizites Grammatikwissen, das im Lehrplan 21 «analytisches Grammatikwissen» genannt wird. Dazu gehören Regeln und Grammatikbegriffe, die notwendig sind, um über Regeln zu sprechen. Zur Kenntnis von Grammatikbegriffen findet sich im Lehrplan 21 im Kompetenzbereich *Sprache(n) im Fokus* unter «D Grammatikbegriffe» die folgende Kompetenzbeschreibung:

> «D.5.D. – Die Schülerinnen und Schüler können Grammatikbegriffe für die Analyse von Sprachstrukturen anwenden.»

Explizite Grammatikkenntnisse helfen, die Sprache bewusst wahrzunehmen und anzuwenden.

Die Ziele der Grammatikvermittlung sind im zweit- und im fremdsprachlichen Unterricht ähnlich. Die Grammatikvermittlung dient nicht direkt dem Spracherwerb an sich, sondern, gleich wie im erstsprachlichen Deutschunterricht, der Wahrnehmung grammatikalischer Formen und Strukturen und deren gezielter Nutzung im individuellen Sprachgebrauch.

8.1 Grammatikthemen im Überblick

Folgende Grammatikthemen werden im Arbeitsheft explizit behandelt:

Einheit 1	Satzbau: Nebensatz mit Relativpronomen Satzbau: Nebensatz mit Relativpronomen und Präposition Verben mit festen Verbindungen 1
Einheit 2	Das Passiv
Einheit 3	Satzbau: Nebensätze mit *als* und *wenn* Verben mit festen Verbindungen 2 Pronominaladverbien *wofür, dafür* usw.
Einheit 4	Konjunktiv II im Präsens Nebensätze mit Konjunktiv II
Einheit 5	Nomen und Adjektive im Genitiv Satzanalyse: Hauptsatz – Nebensatz
Einheit 6	Satzbau: Nebensätze mit *seit* und *seitdem*
Einheit 7	Satzbau: Nebensätze mit *während, nachdem* und *bevor* Satzanalyse: Satzglieder Die n-Deklination
Einheit 8	Verben mit festen Verbindungen 3 Verben im Futur I und Futur II Zeitenfolge Satzanalyse: Vertiefung
Einheit 9	keine expliziten Grammatikthemen
Einheit 10	keine expliziten Grammatikthemen

startklar legt im Sinne eines bildungssprachlichen Kompetenzaufbaus grosses Gewicht auf den Satzbau.

Wie bereits in *startklar* A1 und A2 hat der Satzbau in *startklar* B1 einen relativ grossen Stellenwert. Dies hat vor allem damit zu tun, dass die für den Schulerfolg notwendige Textkompetenz wesentlich auch damit verbunden ist, inwieweit komplexe Sätze verstanden und produziert werden können. In *startklar* B1 werden deshalb verschiedene Typen von Relativ- und Temporalsätzen sowie Bedingungssätze thematisiert und die Wahrnehmung von Haupt- und Nebensätzen durch Satzanalysen stark gewichtet.

8.2 Kriterien für gute Grammatikübungen

Die Grammatikübungen in *startklar* sind gemäss den folgenden vier Kriterien erarbeitet worden.

1. Die Übungen haben einen inhaltlichen Zusammenhang.

Die Sätze innerhalb einer Übung sind nicht zusammenhangslos, sondern ergeben einen kleinen Text, der im Kontext des behandelten Themas steht.

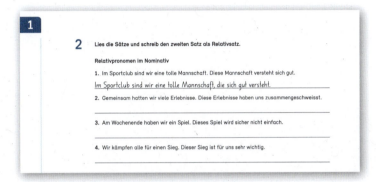

Dadurch haben die Lernenden die Möglichkeit, sich eine Situation vorzustellen und die grammatikalische Struktur damit zu verbinden. Wenn eine sprachliche Form oder Struktur mit einem sinnhaften Kontext in Zusammenhang gebracht werden kann, erleichtert dies die Verankerung der sprachlichen Form oder Struktur im Langzeitgedächtnis.

2. Schriftliche Übungen müssen mündlich gesprochen werden.

In vielen Aufgaben werden die Lernenden angeleitet, die Sätze oder Texte laut zu lesen, so zum Beispiel bei den Grammatiktabellen.

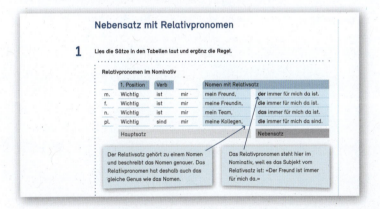

Durch das laute Sprechen der Sätze memorieren die Lernenden die behandelten Formen und Strukturen als Klangbilder. Dies unterstützt den Erwerb von implizitem Grammatikwissen und trägt zur Entwicklung des Sprachgefühls bei. Korrekt memorierte Klangbilder ermöglichen es, die erworbenen Formen und Strukturen zumindest grammatikalisch korrekt zu sprechen und schreiben.

Zwar steht nicht bei jeder Übung die Anweisung, die Sätze auch laut zu sprechen. Es lohnt sich aber vor allem bei sehr lernschwachen Schülerinnen und Schülern, Übungen nach der Korrektur immer laut sprechen oder fast auswendig lernen zu lassen.

3. Auf geschlossene Übungen folgen offene Übungen.

Für geschlossene Übungen gibt es nur eine mögliche Lösung, die auf der Webplattform zur Verfügung steht. Damit ein Transfer von der Übungssituation zu einer Kommunikationssituation möglich wird, werden die Lernenden immer wieder aufgefordert, eigene Sätze zu formulieren. In diesen Übungen drücken die Lernenden ihre eigenen Gedanken aus.

> **6** Schreib die Sätze so fertig, dass sie für dich passen.
> 1. Ich habe Freude an _____
>
> Aber ich habe keine Freude an _____
>
> 2. Ich übernehme gern Verantwortung für _____
>
> Aber ich übernehme nicht gern Verantwortung für _____
>
> 3. Ich habe Mühe mit _____
>
> Aber ich habe keine Mühe mit _____

4. Ähnliche grammatikalische Formen werden getrennt geübt.

Menschen haben allgemein Mühe, Ähnliches auseinanderzuhalten, zum Beispiel ähnliche Namen, Orte, Bilder. Das zeigt sich auch beim Lernen von ähnlichen grammatikalischen Formen und Strukturen. Ein typisches Beispiel dafür ist die Auseinandersetzung mit den Wechselpräpositionen *(auf den Tisch vs. auf dem Tisch)*. Werden Wechselpräpositionen gleichzeitig und kontrastiv eingeführt, haben die Lernenden mit grosser Wahrscheinlichkeit Mühe, sie auseinanderzuhalten und entsprechend korrekt zu verwenden. Aus diesem Grund wird auf eine explizite Thematisierung der Wechselpräpositionen verzichtet. Die Formulierungen werden stattdessen im Kontext als Chunks erworben.

Ein weiteres Beispiel ist das Hilfsverb *werden* im Passiv und im Futur I. Das Passiv («Ein Haus wird gebaut») ist ähnlich wie das Futur I («Sie wird ein Haus bauen»). Zwar unterscheiden sich die Bedeutungen stark, die formale Unterscheidung des Verbs beruht aber nur auf dem Partizip I und dem Infinitiv. Aus diesem Grund werden diese zwei Formen mit einem grossen zeitlichen Abstand thematisiert, das Passiv in Einheit 2, das Futur I und II in Einheit 8.

8.3 Verbalbereich

Im Arbeitsheft von *startklar* B1 werden fünf wichtige Themen im Bereich der Verben behandelt: das Passiv, der Konjunktiv II, das Futur I und II, die Zeitenfolge und die Verben mit festen Verbindungen.

Die Formen des **Passivs** und des **Futurs I und II** sind vor allem in schriftlichen Texten und in monologisch gesprochenen Erklärungen, Darstellungen und Argumentationen anzutreffen. Insofern sind sie für den Auf- und Ausbau von Textkompetenz von grosser Bedeutung → **Kap. 4**.

Mit dem **Konjunktiv II** werden im Deutschen verschiedene Sprachhandlungen realisiert. Man kann damit:

- über Irreales sprechen («Ich wäre jetzt lieber in den Ferien»; «Ich würde jetzt lieber woanders sein»),
- eine Bedingung ausdrücken («Wenn ich jetzt Zeit hätte, würde ich ...»),
- einen Wunsch ausdrücken («Ich hätte gern ...»).

In der Einheit 4 geht es um das Thema Ferien und um die Frage: «Was würdest du tun, wenn ...?». In diesem Kontext werden die Verbformen mit einer nicht realen Situation und mit Bedingungen verknüpft und entsprechend gelernt. Aus diesem Grund werden die verschiedenen Sprachhandlungen nicht ausdrücklich unterschieden. Mit sprachstarken Lernenden kann jedoch durchaus auf die unterschiedlichen Bedeutungen des Konjunktivs II eingegangen werden.

Der **Zeitenfolge** liegt eine Regel zugrunde, die auch Deutschsprachige nicht immer korrekt befolgen. In der Einheit 8 wird die Regel mit dem Thema Berufsausbildung verbunden, was die Möglichkeit eröffnet, zeitliche Abfolgen beim Übertritt von der Schule ins Berufsleben zu beschreiben. Mit der Behandlung der Zeitenfolge kann höchstens ein Wahrnehmen der Regel und der entsprechenden Logik erreicht werden. Bei der Umsetzung werden aber trotzdem Fehler gemacht werden, was kaum zu vermeiden ist.

Die **Verben mit festen Verbindungen** *(denken an / sich freuen auf usw.)* müssen von den Lernenden möglichst als Klangbilder gelernt werden, da es keine Regeln oder logische Erklärungen für den Gebrauch einer bestimmten Präposition nach dem Verb gibt. Es lohnt sich deshalb, die Grundform immer zusammen mit dem Beispielsatz auswendig sprechen zu lernen.

> Verben mit festen Verbindungen und Stammformen von Verben werden ‹übers Ohr› gelernt.

Die Stammformen der unregelmässigen Verben (= Paradigmen der Verben) werden im Arbeitsheft von *startklar* B1 nicht ausdrücklich behandelt, da sie schon in A2 eingeführt wurden. In den Wortschatzlisten sind aber die zu lernenden Stammformen enthalten, welche die Lernenden auswendig sprechen müssen. Wie bei den Verben mit festen Verbindungen geht es darum, korrekte Klangbilder zu memorieren.

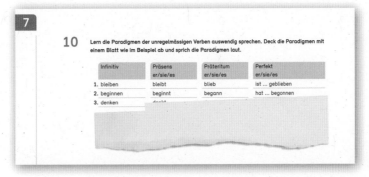

Die Lernenden lesen den Infinitiv laut, sprechen die Stammformen auswendig und kontrollieren danach, indem sie eine Schablone verwenden, die sie nach unten schieben (siehe das Beispiel aus *startklar* A2). Die Übung kann auch zu zweit gemacht werden, wobei abwechslungsweise ein Infinitiv gesagt und mit den Stammformen geantwortet wird.

8.4 Satzbau

In *startklar* B1 wird einerseits der Bau von komplexen Sätzen thematisiert, andererseits die Analyse von Sätzen trainiert.

Der deutsche Satz folgt klaren, leicht erlernbaren Regeln.

Der Satzbau folgt im Deutschen klaren Regeln, die die Lernenden bewusst erkennen sollten.

1. Ein Satz besteht aus Satzgliedern, die man verschieben kann. Der konjugierte Verbteil steht immer auf der zweiten Position.
2. Ein einfacher Satz kann mit einem oder mehreren Nebensätzen ergänzt werden. Dadurch entsteht ein komplexer Satz.
3. Zwischen Hauptsatz und Nebensatz steht ein Komma.
4. Ein Nebensatz kann auch an der ersten Stelle des Hauptsatzes stehen.
5. Nebensätze beziehen sich auf den Inhalt des Hauptsatzes, ausser beim Relativsatz.
6. Der Relativsatz bezieht sich immer auf ein Nomen. Deshalb bilden Nomen mit Relativsatz ein Satzglied, das man verschieben kann.

Das Verschieben von Satzgliedern oder Nebensätzen kann am besten mit einer ‹Wäscheleine› visualisiert werden.

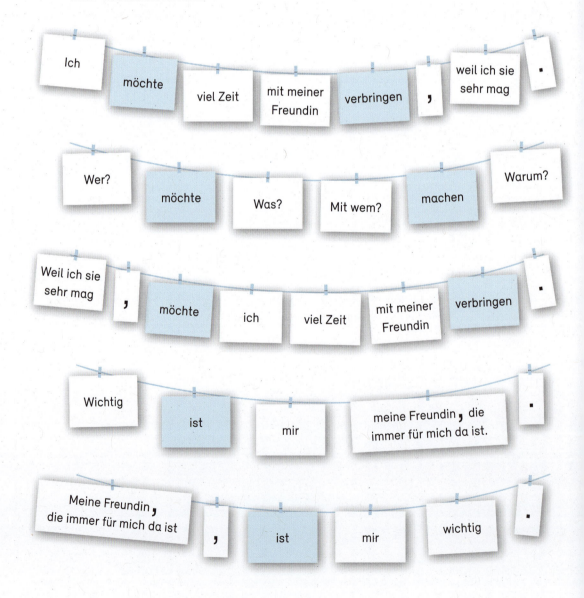

Durch die Satzanalyse in Texten, die die Lernenden im Themenbuch bereits bearbeitet und verstanden haben, wird das Wahrnehmen des Satzbaus trainiert. Auch diese Texte sollten nach der Korrektur der Unterstreichungen (Hauptsätze rot, Nebensätze blau) mehrmals laut gelesen werden. Es ist von Vorteil, wenn beim lauten Lesen der konjugierte Verbteil im Hauptsatz und das Subjekt besonders betont werden. So werden Haupt- und Nebensätze bewusster wahrgenommen, was das Verstehen von komplexen Sätzen und insofern auch die Förderung von Textkompetenz unterstützt → **Kap. 4** .

8.5 Nominalbereich

Mit «sprechenden Tabellen» werden die Deklinationsformen sprechend trainiert.

In *startklar* B1 werden im Nominalbereich lediglich die Genitivformen und die n-Deklination neu eingeführt. In beiden Fällen werden die Deklinationsformen mit «sprechenden Tabellen» dargestellt. Durch das Sprechen ganzer Sätze haben die Lernenden die Möglichkeit, die Deklinationsformen als Makrolexeme (Chunks) zu memorieren.

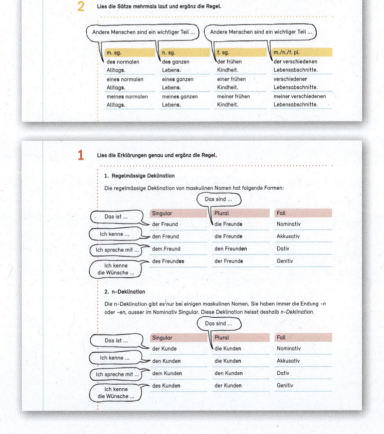

Auch alle anderen Übungstypen zu den Nominalflexionen erfüllen ihren Zweck erst, wenn sie gesprochen werden. Bei schriftlichen Übungen ist es unabdingbar, dass die Übungen vor dem Sprechen vollständig korrigiert werden, damit sich keine falschen Wortbilder einprägen.

Dies gilt in besonderem Masse für die Wechselpräpositionen. Zwar kann man die dahinterstehende Logik gut erklären:

in + Akkusativ = Ortswechsel
→ *Ich gehe in die Turnhalle.* = Ich bin ausserhalb der Turnhalle. Der Handlungsort ändert sich.

in + Dativ = kein Ortswechsel
→ *Ich renne in der Turnhalle.* = Ich bin innerhalb der Turnhalle. Der Handlungsort ändert sich nicht.

Die bewusste Anwendung der Regel vor allem in der mündlichen Produktion ist aber für alle Lernenden des Deutschen als Zweit- oder als Fremdsprache eine grosse Herausforderung. Aus diesem Grund wird in *startklar* B1 auf eine explizite Vermittlung der Regeln zu den Wechselpräpositionen verzichtet und der Erwerb der Präpositionalphrasen als Makrolexeme unterstützt. Praktisch in jeder Übung kommen Präpositionalphrasen vor, die sprechend gelernt werden, wie zum Beispiel in folgendem Wechselspiel.

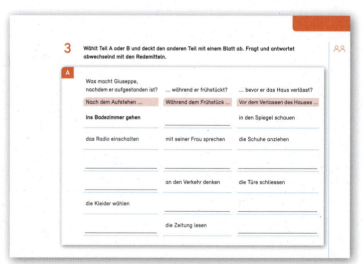

> Nominalflexionen, die als Makrolexeme gelernt werden, können aus dem Langzeitgedächtnis abgerufen werden.

Die Lernenden müssen sich nicht überlegen, warum es *ins Badezimmer gehen* heisst. Sie lernen das Makrolexem als Ganzes, indem sie den Lösungssatz «Nach dem Aufstehen geht Giuseppe ins Badezimmer» sprechen.

Lernenden, die über eine ausgeprägte Abstraktionsfähigkeit verfügen und mit grammatischen Regeln gut lernen, kann in Bezug auf die Nominalflexion nach Präpositionen die Übersicht auf der nächsten Seite angeboten werden. Es ist aber davon abzuraten, kontrastive Übungen zu Wechselpräpositionen zu suchen oder zu generieren. Effizienter ist es, wenn die vier Bereiche mit einem grösseren zeitlichen Abstand und mit einem definierten Kontext geübt werden, zum Beispiel ausgehend von den unter der Übersicht aufgeführten Fragen.

1. Präpositionen + Dativ	2. Wechselpräposition + Dativ Wo? Ort?		3. Wechselpräposition + Akkusativ Wohin? Ortswechsel	4. Präpositionen + Akkusativ
bei	*stehen*	an	*stellen*	für
mit	*sitzen*	in	*setzen*	gegen
nach	*liegen*	auf	*legen*	ohne
seit	*hängen*	unter	*hängen*	durch
von	*sein*	über	*tun*	um
zu		neben		
aus		zwischen		
ab		vor		
gegenüber		hinter		
ausser				
entgegen				
während*				
wegen*				
statt*				
trotz				
entlang*				

* = alltagssprachlich:
+ Dativ, sonst + Genitiv

1. Präposition + Dativ
Wer macht was mit wem / bei wem?
Wer geht zu wem / mit wem?
Wer weiss was von wem / seit wann / trotz was?

2. Wechselpräposition + Dativ
Was ist / steht / liegt wo im Schulzimmer?

3. Wechselpräposition + Akkusativ
Wohin stellst / legst / versorgst du was im Schulzimmer?

4. Präposition + Akkusativ
Was machst du für wen / gegen was / ohne was?
Welcher Weg führt durch was / um was?

8.6 Regeln reflektieren

Wie bereits in *startklar* A1 und A2 sind auch in *startklar* B1 am Ende von Grammatikerklärungen unvollständige Regeln zum Ausfüllen vorgegeben.

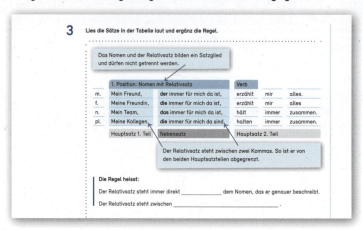

Reflexion über grammatische Regeln ist lerneffizient, wenn bereits ein implizites Grammatikwissen vorhanden ist.

Durch Reflexionen über die Funktionsweise der Sprache nehmen die Lernenden die Regeln bewusst wahr und können diese auch für die Analyse von Sätzen, zum Beispiel bei der Korrektur eigener Texte, gezielt nutzen. Die Reflexionen erfüllen ihren Zweck aber erst, wenn das entsprechende implizite Grammatikwissen bzw. Sprachgefühl zumindest ansatzweise vorhanden ist. Allerdings sind Reflexionen über Formen und Strukturen dann lernwirksam, wenn sie nachvollziehbaren Regeln folgen und nicht zu viele Ähnlichkeiten und Variationsmöglichkeiten aufweisen, wie zum Beispiel bei den Wechselpräpositionen oder bei den Deklinationsformen.

8.7 Grammatik testen

In den Tests von *startklar* B1 sind meistens auch Grammatikaufgaben enthalten. Die Aufgabenstellungen prüfen lediglich die korrekte Verwendung von Formen und Strukturen, nicht das explizite Regelwissen. Weitere Grammatiküberprüfungen sind nicht notwendig, da sie keinen Beitrag zur Sprachentwicklung leisten.

III Übersichten zu den 10 Einheiten

Auf den folgenden Seiten wird der sprachdidaktische Teil der 10 Themeneinheiten zusammenfassend beschrieben. Die Übersichten bieten den Lehrpersonen einen schnellen Einstieg in die Unterrichtsvorbereitung. Für die Umsetzung im Unterricht wird auf die didaktischen Grundlagen verwiesen →Teil II, S. 23–62. Einzig bei den Landeskundeseiten am Schluss jeder Themeneinheit wird auf eine Beschreibung verzichtet, da diese Doppelseiten mit den informativen Inhalten zur Schweiz selbsterklärend sind.

1 Das ist mir wichtig

Themenbuch

Lernbereich	Titel	Inhalt
Hörverstehen	Was macht dich glücklich?	– Eine Umfrage mit sechs Personen zum Thema Glücklichsein verstehen – Stichworte zu den Hörtexten notieren – Einen Kommentar zu den Hörtexten schreiben
Leseverstehen	Das machen, was man wirklich will	– Ein Interview mit einer Schweizer Persönlichkeit der Gegenwart (Dodo) verstehen – Informationen im Text suchen und verstehen – Das Interview zusammenfassen
Dialogisches Sprechen	Das stört mich!	– Einen Dialog zu Meinungsverschiedenheiten verstehen – Einen Paralleldialog anhand eines Scaffolds schreiben, auswendig lernen und vorspielen
Monologisches Sprechen	Vortrag: Dodo und die Musik	– Sich nochmals mit dem Lesetext auseinandersetzen – Auf dem Computer Folien für den Vortrag gestalten – Den Vortragstext anhand eines Scaffolds schreiben, den Vortrag üben und halten – Rückmeldungen geben und annehmen
Schreiben	Selbstporträt	– Das Selbstporträt eines Jugendlichen verstehen – Struktur des Mustertexts erkennen – Ein eigenes Selbstporträt planen und anhand eines Scaffolds schreiben
Landeskunde	Flucht in die Schweiz	– Die Fluchtgeschichte von Samira, einer jungen Afghanin, verstehen – Den Fluchtweg in einer Landkarte einzeichnen

Arbeitsheft

Titel	Inhalt
Nebensatz mit Relativpronomen	– Verbstellung im Relativsatz, Beziehung zum Hauptsatz und Kommasetzung verstehen – Genus des Relativpronomens in Abhängigkeit zum Hauptsatz verstehen – Zusammengesetzte Sätze mit dem Relativsatz nach dem Hauptsatz bilden – Sätze mit eingeschobenen Relativsätzen verstehen und bilden
Nebensatz mit Relativpronomen und Präposition	– Relativsätze mit Präposition und verlangtem Genus verstehen – Zusammengesetzte Sätze mit Relativsätzen bilden – Wechselspiel: Relativsätze mit Pronomen einüben
Einen Vortrag üben	– Lerntechnik zum Einüben eines Vortragtexts kennen lernen
Persönliche Eigenschaften	– Adjektive zu persönlichen Eigenschaften verstehen und benützen
Verben mit festen Verbindungen 1	– Verben mit festen Verbindungen verstehen
Selbstständig Wörter lernen	– Lerntechnik zum selbstständigen Lernen von Wörtern kennen lernen
Flucht in die Schweiz	– Samiras Fluchtweg beschreiben und Orte in der Schweiz notieren – Zahlen über Asylgesuche in der Schweiz recherchieren und notieren

Zusatzmaterial

Titel	Inhalt

Das machen, was man wirklich will 1–3	– Lesetexte analog zum Text und den Aufgaben im Themenbuch:
	  1. «Ghamkin Saleh und der Film»
	  2. «Gülsha Adilji und die Sprache»
	  3. «Sarah Meier und der Eiskunstlauf»

Das stört mich!	– Variante zum Text im Themenbuch
Vorträge 1–3	– Vorträge zu den drei Lesexten analog zum Vortrag und den Aufgaben im Themenbuch
Rückmeldungen zum Vortrag	– Formulierungen zur Vorbereitung der mündlichen Rückmeldungen aus dem Publikum
Hören und mitlesen	– Die Lerntechnik aus *startklar* A1 kann bei Bedarf eingesetzt werden.
Auswendig lernen	– Die Lerntechnik aus *startklar* A1 kann bei Bedarf eingesetzt werden.
Selbstporträt	– Variante zum Text im Themenbuch

Einleitung	Die Lernenden setzen sich mit Vorlieben, Neigungen, Wertvorstellungen und Eigenschaften verschiedener Personen auseinander und erkennen so auch Aspekte ihrer eigenen Identität. Durch die Bearbeitung der Einheit in einer Klasse oder Gruppe lernen sich die Jugendlichen auch gegenseitig besser kennen. Im Arbeitsheft werden die Lerntechniken «Selbstständig Wörter lernen» aus *startklar* A1 und «Einen Vortrag üben» aus *startklar* A2 repetiert. Zwei weitere Lerntechniken aus *startklar* A1 für lernschwächere Lernende sind im Zusatzmaterial zu finden.
Hörverstehen	Eine Umfrage mit dem Titel «Was macht dich glücklich?» wird in einer Radiosendung präsentiert. Befragt werden sechs Personen auf der Strasse. Als Vorentlastung notieren die Lernenden Situationen, in denen sie selbst glücklich sind. Anschliessend lesen sie sich die notierten Sätze vor und diskutieren, zu welchen der zwölf vorgegebenen Kategorien («Erfolg», «Freunde», «Konsum» usw.) ihre Situationen passen → Kap. 5.1.1 . Während der ersten beiden Hördurchgänge werden für jede Person Stichworte notiert. Diese Aufgabe entspricht einem gezielten Hörverstehen. Beim weiteren Hören werden die Aussagen der Personen den zwölf Kategorien aus der Vorentlastung zugeordnet. Dies verlangt ein globales Hörverstehen → Kap. 5.1.2 . Im Arbeitsheft wird der Nebensatz mit Relativpronomen eingeführt und geübt.
Leseverstehen	Der Text «Dodo und die Musik» ist ein Interview mit dem Musiker Dominik Jud, in dem er schildert, worauf es seiner Meinung nach im Leben ankommt. Die Aufgaben zum Leseverstehen in *startklar* B1 leiten zum verstehenden Lesen an. Sie beginnen mit einer Vorentlastung, führen anhand von Aufgaben zum gezielten und globalen Leseverstehen durch den Text und enden jeweils mit einer Zusammenfassung. Damit die Lernenden die Aufgaben mit der Zeit selbstständig bewältigen können, bedarf es einer sorgfältigen Einführung in Einheit 1. Der Text im Themenbuch sollte von allen bearbeitet werden, da er für den Test am Ende der Einheit vorausgesetzt wird → Kap. 5.2.4 . Leistungsstärkere Lernende können zusätzlich einen Text aus dem Zusatzmaterial bearbeiten. Die Texte im Zusatzmaterial können auch für ein Gruppenpuzzle genutzt werden → Kap. 5.2 . Im Arbeitsheft wird der Relativsatz mit Präposition eingeführt und geübt.
Dialogisches Sprechen	Im Dialog werden sprachliche Mittel zum Austragen von Meinungsverschiedenheiten und zur Bewältigung eines Konflikts eingeübt (im Zusatzmaterial befindet sich ein Paralleltext). Der Dialog wird mehrmals gehört, mitgelesen, geübt und in der Klasse vorgetragen → Kap. 6.1.1 . Anschliessend wählen die Lernenden jeweils zu zweit eine von vier vorgegebenen Konfliktsituationen aus. Mithilfe von vorgegebenen Redemitteln schreiben sie dazu einen Dialog → Kap. 6.2.2 .
Monologisches Sprechen	Die Lernenden bereiten auf der Grundlage eines der vier Interviews einen Vortrag vor. Leistungsschwächere Lernende bearbeiten den Vortrag über den Musiker Dodo. Leistungsstärkere Lernende beschäftigen sich mit den Persönlichkeiten aus den Texten im Zusatzmaterial → Kap. 5.2 . Den Vortragstext schreiben die Lernenden anhand eines Scaffolds, das sich stark an den Text anlehnt. Der Vortragstext sollte vollständig korrigiert und von den Lernenden fast auswendig vorgetragen werden → Kap. 6.1.1 . Anhand der mündlichen Rückmeldungen der Zuhörenden notiert die vortragende Person Verbesserungsmöglichkeiten. Im Arbeitsheft wird die Lerntechnik «Einen Vortrag üben» aus *startklar* A2 repetiert.
Schreiben	Als Vorbereitung für den Schreibauftrag werden im Arbeitsheft Adjektive zu persönlichen Eigenschaften eingeführt und geübt. Die Lernenden hören und lesen zuerst das Selbstporträt von Flavio (im Zusatzmaterial befindet sich ein Paralleltext). Dieser Mustertext sowie die Textbausteine dienen als Scaffold für das eigene Selbstporträt → Kap. 6.2.2 .

2 Wohnen

Themenbuch

Lernbereich	Titel	Inhalt
Hörverstehen	Wohnen in der Schweiz	– Das Interview mit einer Statistikerin zum Thema «Wohnen in der Schweiz» verstehen – Informationen zum Hörtext ankreuzen – Zahlen aus der Statistik verstehen und notieren
Leseverstehen	Wohnen und arbeiten	– Einen Artikel aus einer Zeitschrift zum Thema Pendelverkehr verstehen – Informationen im Text suchen und verstehen – Den Artikel zusammenfassen
Dialogisches Sprechen	So nicht!	– Zwei Dialoge verstehen, in denen jemand auf eine Anschuldigung reagieren muss – Einen Paralleldialog anhand eines Scaffolds schreiben, auswendig lernen und vorspielen
Monologisches Sprechen	Vortrag: Pendelverkehr	– Sich nochmals mit dem Lesetext auseinandersetzen – Auf dem Computer Folien für den Vortrag gestalten – Den Vortragstext anhand eines Scaffolds schreiben, den Vortrag üben und halten – Rückmeldungen geben und annehmen
Schreiben	Pro und contra Einfamilienhäuser	– Argumente pro und contra Einfamilienhäuser sammeln – Eine Stellungnahme zum Thema Einfamilienhäuser verstehen und Struktur des Mustertexts erkennen – Anhand eines Scaffolds selbst eine Stellungnahme schreiben
Landeskunde	Wohnbaugenossenschaften	– Kurze Texte zum Thema Wohnbaugenossenschaften verstehen – Im Internet zu einer Wohnbaugenossenschaft in der Region recherchieren

Arbeitsheft

Titel	Inhalt
Wohnen in der Schweiz	– Kreisdiagramme verstehen und Informationen herausschreiben – Angaben in Diagrammen mündlich vergleichen – Relativsätze mit Präposition zum Thema Wohnen bilden
Das Passiv	– Passivsätze im Präsens, Perfekt und Präteritum erkennen und bilden – Zwei Konjugationsgedichte hören und lesen sowie selber eines schreiben – Wechselspiel: Passivsätze im Präteritum einüben
Nomen mit Nachmorphem -ung	– Nomen mit Nachmorphem -ung verstehen und Genus kennen – weitere Nomen mit -ung suchen, notieren und überprüfen
Argumentieren	– Anhand eines Scaffolds eine Stellungnahme zum Thema «öffentlicher Verkehr» schreiben
Rund ums Wohnen	– Wortschatz zum Thema vertiefen – Wechselspiel: Zimmereinrichtung beschreiben mit Ortsangaben

Zusatzmaterial

Titel	Inhalt

Wohnen und arbeiten 1–3	– Lesetexte analog zum Text und den Aufgaben im Themenbuch:
	  1. «Wohnen und arbeiten vor 500 Jahren»
	  2. «Wohnen und arbeiten zur Zeit der Industrialisierung»
	  3. «Mobilität der Schweizer Bevölkerung»

Vorträge 1–3	– Vorträge zu den drei Lesetexten analog zum Vortrag und den Aufgaben im Themenbuch
Rückmeldungen zum Vortrag	– Formulierungen zur Vorbereitung der mündlichen Rückmeldungen aus dem Publikum

Einleitung	Die Einheit thematisiert verschiedene Aspekte des Wohnens: von den statistischen Daten zu Wohnverhältnissen über das Pendeln, Konflikte des Zusammenlebens, Vor- und Nachteile von Einfamilienhäusern bis hin zu Wohnbaugenossenschaften. Im Arbeitsheft werden die Inhalte des Themenbuchs vertieft und das Passiv eingeführt.
Hörverstehen	Jugendliche präsentieren im Schulhausradio ein Interview, das sie mit einer Statistikerin geführt haben. Zuerst erklärt die Interviewpartnerin, was Statistik bedeutet. Anschliessend legt sie Zahlen zur Wohnsituation der Schweizer Bevölkerung dar. Die Vorentlastung enthält Übungen zum Wortschatz sowie ein erstes Kreisdiagramm → Kap. 5.1.1. Beim ersten Hördurchgang müssen die Interviewfragen wiedererkannt werden. Bei weiteren Hördurchgängen müssen die Prozentzahlen herausgehört und in Kreisdiagrammen notiert werden. Dadurch wird das gezielte Hörverstehen trainiert → Kap. 5.1. Im Arbeitsheft wird der Umgang mit Diagrammen und Prozentzahlen vertieft. Der in Einheit 1 eingeführte Nebensatz mit Relativpronomen und Präposition wird in inhaltlich passenden Übungen wiederholt.
Leseverstehen	Der Sachtext besteht aus einem Artikel aus einer Zeitschrift zum Thema Pendelverkehr. Das verbreitete Pendeln zum Arbeitsplatz wird als zunehmendes Problem dargestellt; als Lösungsansatz wird das Modell «Quartier der kurzen Wege» skizziert. Der Text im Themenbuch sollte von allen bearbeitet werden, da er für den Test am Ende der Einheit vorausgesetzt wird → Kap. 5.2.4. Leistungsstärkere Lernende können zusätzlich einen Text aus dem Zusatzmaterial bearbeiten. Die Texte im Zusatzmaterial können auch für ein Gruppenpuzzle genutzt werden → Kap. 5.2. Im Arbeitsheft werden Passivsätze im Präsens, Perfekt und Präteritum eingeführt und geübt.
Dialogisches Sprechen	In den beiden Dialogen werden Jugendliche jeweils zu Unrecht von einer erwachsenen Person beschuldigt, eine Norm des Zusammenlebens gebrochen zu haben. Die Lernenden wählen aus zwei ähnlichen Konfliktsituationen eine aus und schreiben dazu einen Paralleldialog → Kap. 6.2.2. Dabei eignen sie sich die Redemittel für mögliche Reaktionen auf die Beschuldigung an (nachfragen, beschwichtigen, einwenden, einen Vorschlag machen) → Kap. 6.1.1. Im Arbeitsheft wird das Nachmorphem *-ung* thematisiert → Kap. 7.2.
Monologisches Sprechen	Die Lernenden bereiten auf der Grundlage von einem der vier Sachtexte einen Vortrag vor. Leistungsschwächere Lernende bearbeiten den Vortrag über den Pendelverkehr. Leistungsstärkere Lernende beschäftigen sich mit den drei Texten aus dem Zusatzmaterial → Kap. 5.2. Den Vortragstext schreiben die Lernenden anhand eines Scaffolds, das sich stark an den Sachtext anlehnt. Der Vortragstext sollte vollständig korrigiert und von den Lernenden fast auswendig vorgetragen werden → Kap. 6.1.1. Anhand der mündlichen Rückmeldungen der Zuhörenden notiert die vortragende Person Verbesserungsmöglichkeiten.
Schreiben	Als Einstieg ins Thema machen sich die Lernenden selbstständig Gedanken darüber, welche Vor- und Nachteile das Wohnen in einem Einfamilienhaus in ihren Augen hat. Danach lesen sie kurze Statements, die Argumente entweder für oder gegen Einfamilienhäuser aufführen. Als Nächstes lesen sie einen Pro-contra-Text, in dem die Argumente aus verschiedenen Perspektiven mit einer persönlichen Meinung zu einer Stellungnahme verknüpft sind, und analysieren dessen Aufbau. Mithilfe dieses Mustertexts und der vorgegebenen Textstruktur und Textbausteine schreiben die Lernenden eine eigene Stellungnahme → Kap. 6.2.2. Im Arbeitsheft wird das Verfassen einer Stellungnahme anhand des Themas «Pro und contra öffentlicher Verkehr» erneut geübt.

3 Lernen lernen

Themenbuch

Lernbereich	Titel	Inhalt
Hörverstehen	Lernprobleme lassen sich lösen	– Kurze schriftliche Texte über zwei Lehrerinnen und drei Lernende mit Lernproblemen verstehen – Drei mündliche Berichte über die drei Lernenden verstehen – Wichtigste Informationen aus den Hörtexten notieren
Leseverstehen	Selbstständig lernen	– Einen Artikel aus einer Zeitschrift zum Thema «Lernen wollen ist das A und O» verstehen – Informationen im Text suchen und verstehen – Den Artikel zusammenfassen
Dialogisches Sprechen	Lernen für sich selbst	– Den Dialog zwischen einem Schüler und einer Lehrerin über differenzierte Lernaufgaben verstehen – Einen Paralleldialog anhand eines Scaffolds schreiben, auswendig lernen und vorspielen
Monologisches Sprechen	Vortrag: Lernen wollen ist das A und O	– Sich nochmals mit dem Lesetext auseinandersetzen – Auf dem Computer Folien für den Vortrag gestalten – Den Vortragstext anhand eines Scaffolds schreiben, den Vortrag üben und halten – Rückmeldungen geben und annehmen
Schreiben	Lerntagebuch	– Einen Eintrag in einem Lerntagebuch verstehen – Den Aufbau «Planung – Rückblick – Reflexion» verstehen – Ein Lerntagebuch zu einer bestimmten Aufgabe anhand eines Scaffolds führen
Landeskunde	*Jugend und Sport*	– Informationen über *Jugend und Sport* verstehen – Auf der Website von *Jugend und Sport* über eine Sportart recherchieren

Arbeitsheft

Titel	Inhalt
Nebensätze mit *als* und *wenn*	– Die Verwendung von *als* (in Abgrenzung zu *wenn*) verstehen – Wechselspiel: Nebensätze mit *als* einüben
Direkter und indirekter Fragesatz	– Indirekte Fragesätze mit und ohne Fragewort (mit Konjunktion *ob*) als Nebensätze verstehen (mit Komma und Verbendstellung) – Direkte Fragen mit und ohne Fragewort bilden – Indirekte Fragen in einem Text erkennen
Verben mit festen Verbindungen 2	– Verben mit festen Verbindungen verstehen und benützen
Pronominaladverbien *wofür*, *dafür* usw.	– Pronominaladverbien erkennen – Unterschied zwischen Stellvertretern für Sachen (z. B. *woran*) und Stellvertretern für Personen (z. B. *an wen*) kennen – Mini-Dialoge mit Pronominaladverbien lesen und schreiben
Nomen mit Nachmorphem *-heit*, *-keit* usw.	– Nomen mit Nachmorphem *-ung*, *-heit*, *-schaft*, *-keit*, *-ei*, *-tät*, *-tion*, *-enz* verstehen und Genus kennen – Stammmorpheme erkennen und Wortarten bestimmen

Zusatzmaterial

Titel	Inhalt
Selbstständig lernen 1–3	– Lesetexte analog zum Text und den Aufgaben im Themenbuch: 1. «Gut geplant ist halb gelernt» 2. «Guter Rat ist Gold wert» 3. «Das eigene Lernen gestalten»
Vorträge 1–3	– Vorträge zu den drei Lesetexten analog zum Vortrag und den Aufgaben im Themenbuch
Rückmeldungen zum Vortrag	– Formulierungen zur Vorbereitung der mündlichen Rückmeldungen aus dem Publikum

Einleitung	Die Einheit regt die Jugendlichen an, über das eigene Lernen nachzudenken – sei es, dass sie eigene Lernprobleme erkennen, ihrer Motivation beim Lernen auf die Spur kommen oder lernen, ein Lerntagebuch zu schreiben. Neu eingeführt werden im Arbeitsheft der Nebensatz mit *als* sowie die Pronominaladverbien (*wofür*, *dafür* usw.), während die anderen grammatikalischen Themen bereits bekannte Inhalte wiederholen oder vertiefen.
Hörverstehen	Als Einstieg ins Thema lesen die Lernenden Situationen, die das Lernen erschweren können (z. B. an einem lauten Ort sein), und überlegen, unter welchen Umständen sie selbst nicht gut lernen können. Im Hörtext berichten zwei Lehrerinnen über Lernprobleme von drei ihrer Schülerinnen und Schüler. Als Vorentlastung werden sowohl die beiden berichtenden Lehrerinnen als auch die drei Jugendlichen anhand kurzer Texte und Fotos vorgestellt. Beim Hören der Berichte müssen die Lernenden bei allen drei Jugendlichen verstehen, worin das Lernproblem besteht, wie es gelöst wird und in welcher Situation sich die Jugendlichen heute befinden → Kap. 5.1. Im Arbeitsheft wird der Nebensatz mit *als* eingeführt und geübt. Im zweiten Kapitel werden der direkte und der indirekte Fragesatz repetiert.
Leseverstehen	Ein Ratgeberartikel aus einer Zeitschrift behandelt die zentrale Rolle der Motivation für erfolgreiches Lernen unter dem Titel «Lernen wollen ist das A und O». Es werden der Begriff *Motivation* definiert und der Unterschied zwischen äusserer und innerer Motivation sowie deren Einfluss auf das Lernen erklärt. Der Text im Themenbuch sollte von allen bearbeitet werden, da er für den Test am Ende der Einheit vorausgesetzt wird → Kap. 5.2.4. Leistungsstärkere Lernende können zusätzlich einen Text aus dem Zusatzmaterial bearbeiten. Die Texte im Zusatzmaterial können auch für ein Gruppenpuzzle genutzt werden → Kap. 5.2. Im Arbeitsheft werden Verben mit festen Verbindungen sowie Pronominaladverbien (*wofür*, *dafür* usw.) eingeführt und geübt.
Dialogisches Sprechen	Im Dialog diskutiert ein Schüler mit seiner Lehrerin darüber, warum er mehr und schwierigere Hausaufgaben bekommt als sein Mitschüler. Damit wird die Problematik aufgegriffen, dass differenzierte Aufgabenstellungen von den Lernenden manchmal als ungerecht empfunden werden. Drei ähnliche Situationen mit anspruchsvolleren Aufgaben bilden die Grundlage für das Entwerfen eines Paralleldialogs, der mithilfe von vorgegebenen Formulierungen verfasst wird → Kap. 6.2.2. Beim Lernen und Vortragen der Dialoge werden Redemittel für die Gesprächsführung eingeübt → Kap. 6.1.1.
Monologisches Sprechen	Die Lernenden bereiten auf der Grundlage von einem der vier Sachtexte einen Vortrag vor. Leistungsschwächere Lernende bearbeiten den Vortrag über Motivation beim Lernen. Leistungsstärkere Lernende beschäftigen sich mit den drei Texten aus dem Zusatzmaterial → Kap. 5.2. Den Vortragstext schreiben die Lernenden anhand eines Scaffolds, das sich stark an den Sachtext anlehnt. Der Vortragstext sollte vollständig korrigiert und von den Lernenden fast auswendig vorgetragen werden → Kap. 6.1.1. Anhand der mündlichen Rückmeldungen der Zuhörenden notiert die vortragende Person Verbesserungsmöglichkeiten.
Schreiben	Als Erstes wird ein Eintrag im Lerntagebuch einer Schülerin gelesen und analysiert. Anhand dieses Mustertexts und eines Scaffolds entwerfen die Lernenden zuerst die Planung einer Lernaufgabe. Danach schreiben sie den Rückblick und die Reflexion über die erledigte Arbeit → Kap. 6.2.2. Im Arbeitsheft folgt eine Analyse von Nomen mit Nachmorphem (*-ung*, *-heit* usw.), die einen weiblichen Artikel verlangen → Kap. 7.2.

4 Ferien

Themenbuch

Lernbereich	Titel	Inhalt
Hörverstehen	Endlich Ferien!	– Das Interview mit einer Psychologin zum Thema Ferien verstehen – Informationen aus dem Hörtext zuordnen und zusammenfassen – Mündlich zu den Aussagen Stellung nehmen
Leseverstehen	Ferien in der Schweiz	– Den Artikel aus einer Zeitschrift zum Thema Ferien verstehen – Informationen im Text suchen und verstehen – Den Text zusammenfassen
Dialogisches Sprechen	Was wäre, wenn …?	– Ein Gespräch zwischen drei Jugendlichen zum Thema «Ferien während der Lehre» verstehen und vorspielen – Zu dritt: sich eine vorgegebene Feriensituation vorstellen und einen Dialog mit Sätzen im Konjunktiv II schreiben – Den Dialog auswendig lernen und vorspielen
Monologisches Sprechen	Vortrag: Ferien – alles andere als selbstverständlich	– Sich nochmals mit dem Lesetext auseinandersetzen – Auf dem Computer Folien für den Vortrag gestalten – Den Vortragstext anhand eines Scaffolds schreiben, den Vortrag üben und halten – Rückmeldungen geben und annehmen
Schreiben	Längere Sommerferien – ein kontroverses Thema	– Eine Radiosendung zum Thema «Längere Sommerferien» verstehen – Anhand der Sendung Pro- und Contra-Argumente sammeln – Eine Stellungnahme zum Thema «Längere Sommerferien – ja oder nein?» anhand eines Scaffolds schreiben
Landeskunde	Ferienangebote in der Schweiz	– Informationen über ein Ferienangebot in der Schweiz verstehen – Zu zweit die gelesenen Informationen austauschen

Arbeitsheft

Titel	Inhalt
Endlich Ferien!	– Wortschatz aus dem Hörverstehen im Themenbuch üben – Verben mit festen Verbindungen verstehen und benützen
Konjunktiv II im Präsens	– Zusammengesetzte Form des Konjunktivs II (würde + Infinitiv) kennen und mit einem Konjugationsgedicht üben – Einfache Form des Konjunktivs II einiger Verben kennen und im Dialog im Themenbuch markieren – Wechselspiel: mit der zusammengesetzten Form des Konjunktivs II fragen und mit der einfachen Form antworten
Was würdest du tun?	– Zusammengesetzte Form des Konjunktivs II in Gedankenspielen mündlich und schriftlich einüben
Nebensätze im Konjunktiv II	– Zusammengesetzte Sätze mit Haupt- und Nebensatz im Konjunktiv II verstehen und bilden – Wechselspiel: zusammengesetzte Sätze mit Haupt- und Nebensatz im Konjunktiv II einüben
Hätte, könnte, würde, müsste …	– Die Radiosendung aus dem Themenbuch nochmals hören und in einem Lückentext dazu Verben im Konjunktiv II notieren
Wörter zergliedern	– Zusammengesetzte Wörter zergliedern, darüber diskutieren und die Bedeutung schriftlich erklären
Ferien planen	– Zu Jugendherbergen recherchieren und über Vorlieben nachdenken – Eine Budgetplanung für Ferien in der Jugendherberge erstellen

Zusatzmaterial

Titel	Inhalt
Ferien in der Schweiz 1–3	– Lesetexte analog zum Text und den Aufgaben im Themenbuch: 1. «Wie die Schweiz zum Ferienland wurde» 2. «Tourismus in der Schweiz heute» 3. «Günstige Ferien im eigenen Land»
Vorträge 1–3	– Vorträge zu den drei Lesetexten analog zum Vortrag und den Aufgaben im Themenbuch
Rückmeldungen zum Vortrag	– Formulierungen zur Vorbereitung der mündlichen Rückmeldungen aus dem Publikum

III

Einleitung	Das Thema Ferien wird unter verschiedenen Blickwinkeln behandelt. Die Jugendlichen setzen sich mit dem Sinn von Ferien auseinander, vergleichen das aktuelle Recht auf Ferien mit der Situation in früheren Zeiten und anderen Ländern, erhalten Anregungen für Ferienaktivitäten und lernen die Kontroverse zur Länge der Sommerferien kennen. Im Arbeitsheft werden der Konjunktiv II eingeführt, der Wortschatz geübt und Themen aus früheren Einheiten vertieft.
Hörverstehen	Das Radiointerview mit einer Psychologin widmet sich den Fragen, wozu man Ferien braucht und wie man sie am besten nutzt. Als Vorentlastung überlegen sich die Lernenden anhand von gegebenen Stichworten, was für sie Ferien bedeuten. Dabei wird auch der Wortschatz des Interviews vorentlastet. Ebenfalls vor dem ersten Hören werden die Interviewfragen gelesen, die mit vermuteten Antworten verbunden werden. Beim ersten Hören werden die schriftlichen Fragen dem Interview entsprechend nummeriert; beim zweiten Hördurchgang werden die vermuteten Zuordnungen kontrolliert. Als Nächstes müssen zu jeder Antwort Stichworte notiert werden → Kap. 5.1 . Schliesslich nehmen die Lernenden anhand vorgegebener Redemittel zu den Aussagen im Interview Stellung und diskutieren darüber. Die Übungen im Arbeitsheft vertiefen den im Themenbuch eingeführten Wortschatz.
Leseverstehen	Der Zeitschriftenartikel «Ferien – alles andere als selbstverständlich» zeigt auf, dass das Recht auf Ferien in der Schweiz erkämpft werden musste und dass in vielen Ländern ein geringerer oder gar kein gesetzlicher Anspruch auf bezahlte Ferien besteht. Der Text im Themenbuch sollte von allen bearbeitet werden, da er für den Test am Ende der Einheit vorausgesetzt wird → Kap. 5.2.4 . Leistungsstärkere Lernende können zusätzlich einen Text aus dem Zusatzmaterial bearbeiten. Die Texte im Zusatzmaterial können auch für ein Gruppenpuzzle genutzt werden → Kap. 5.2 .
Dialogisches Sprechen	Im Dialog diskutieren drei Jugendliche darüber, wie sie ihre Ferien nutzen würden, wenn sie schon in der Lehre wären und nur noch fünf Wochen frei hätten. Beim Lernen und Vorspielen des Dialogs wird der Konjunktiv II geübt. Vor dem Verfassen des eigenen Dialogs werden im Arbeitsheft die Kapitel zum Konjunktiv II bearbeitet. Angewandt wird der Konjunktiv II beim Schreiben des Paralleldialogs zu einer fiktiven Feriensituation → Kap. 6.2.2 . In Dreiergruppen stellen sich die Lernenden vor, was sie tun würden, wenn sie beispielsweise einen Interrailpass gewonnen hätten oder wenn es während der ganzen Frühlingsferien regnen würde → Kap. 6.1.1 .
Monologisches Sprechen	Die Lernenden bereiten auf der Grundlage von einem der vier Sachtexte einen Vortrag vor. Leistungsschwächere Lernende bearbeiten den Vortrag über das Anrecht auf Ferien. Leistungsstärkere Lernende beschäftigen sich mit den drei Texten aus dem Zusatzmaterial → Kap. 5.2 . Den Vortragstext schreiben die Lernenden anhand eines Scaffolds, das sich stark an den Sachtext anlehnt. Der Vortragstext sollte vollständig korrigiert und von den Lernenden fast auswendig vorgetragen werden → Kap. 6.1.1 . Anhand der mündlichen Rückmeldungen der Zuhörenden notiert die vortragende Person Verbesserungsmöglichkeiten.
Schreiben	Der Schreibauftrag geht hier nicht von einem Mustertext aus, sondern es wird ein Radiobeitrag zum Thema «Längere Sommerferien» gehört. Dieser Hörtext wird vorentlastet, indem die Lernenden aufgrund des Titels Vermutungen über den Inhalt anstellen. Aufgaben zu den drei Hördurchgängen unterstützen das Verständnis und das Sammeln von Argumenten für und gegen längere Sommerferien. Anschliessend verfassen die Lernenden eine Stellungnahme mit dem Titel «Längere Sommerferien – ja oder nein?» mithilfe von vorgegebenen Textbausteinen. Die Textstruktur (Einleitung – Pro- und Contra-Argumente – eigene Meinung) nimmt den Aufbau der in Einheit 2 eingeführten Stellungnahme wieder auf → Kap. 6.2.2 .

5 Freundschaft und Beziehung

Themenbuch

Lernbereich	Titel	Inhalt
Hörverstehen	Erste Liebe	– Das Interview mit einer Psychologin zum Thema «erste Liebe» verstehen – Informationen aus dem Hörtext zuordnen, in Stichworten zusammenfassen und darüber sprechen – Berichte über die erste Liebe von vier Jugendlichen verstehen und den entsprechenden kurzen Texten zuordnen
Leseverstehen	Soziale Beziehungen	– Den Artikel aus einer Zeitschrift zum Thema «Freundschaft und Familie» verstehen – Informationen im Text suchen und verstehen – Den Text zusammenfassen
Dialogisches Sprechen	Viele Freundschaften – ein Zeitproblem?	– Zwei Dialoge zum Thema «Viele Freundschaften – ein Zeitproblem?» verstehen – Einen Paralleldialog schreiben, auswendig lernen und vorspielen
Monologisches Sprechen	Vortrag: Freundschaft und Familie	– Sich nochmals mit dem Lesetext auseinandersetzen – Auf dem Computer Folien für den Vortrag gestalten – Den Vortragstext anhand eines Scaffolds schreiben, den Vortrag üben und halten – Rückmeldungen geben und annehmen
Schreiben	Beste Freundinnen oder Freunde	– Zwei Mustertexte über den besten Freund / die beste Freundin verstehen – Struktur der Mustertexte erkennen – Anhand eines Scaffolds einen eigenen Text darüber schreiben, wie der beste Freund oder die beste Freundin ist oder sein müsste
Landeskunde	Kurze Geschichte der Schweiz von 1291 bis 1848	– Fünf kurze Texte zur Entwicklung der Eidgenossenschaft lesen und verstehen – Mit den Jahreszahlen einen Zeitstrahl gestalten

Arbeitsheft

Titel	Inhalt
Liebe und Beziehung	– Wortschatz aus dem Hörverstehen im Themenbuch üben (Begriffe mit Definitionen verbinden) – Die Unterscheidung zwischen Umgangssprache und Standardsprache kennen
Test: Welcher Flirttyp bist du?	– Einen Selbsttest zum eigenen Flirtverhalten ausfüllen und auswerten
Nomen und Adjektive im Genitiv	– Genitivform als Alternative zu *von* + Dativ verstehen – Endungen der Artikel, Adjektive und Nomen im Genitiv kennen – Genitivformen erkennen und bilden – Genitivformen von Eigennamen bilden – Präpositionen mit Genitiv kennen

Satzanalyse: Hauptsatz – Nebensatz	– Haupt- und Nebensätze analysieren:
	  1. einfacher Satz: Aussagesatz, Fragesatz mit und ohne Fragewort
	  2. zusammengesetzter Satz: Nebensatz vor und nach dem Hauptsatz
	  3. eingeschobener Nebensatz
	  4. Nebensätze 1. und 2. Grades
	– Haupt- und Nebensätze in einem Text markieren

Beitritt der Kantone zur Eidgenossenschaft	– Wechselspiel mit den Beitrittsjahren

Zusatzmaterial

Titel	Inhalt
Liebe und Beziehung	– Wortschatz zum Thema Beziehungen üben

Soziale Beziehungen 1–3	– Lesetexte analog zum Text und den Aufgaben im Themenbuch:
	  1. «Freundinnen und Freunde – keine einfache Wahl»
	  2. «Loslösung von den Eltern»
	  3. «Freundschaft in drei Schritten»

Vorträge 1–3	– Vorträge zu den Lesetexten analog zum Vortrag und den Aufgaben im Themenbuch
Rückmeldungen zum Vortrag	– Formulierungen zur Vorbereitung der mündlichen Rückmeldungen aus dem Publikum

Einleitung	Die Auseinandersetzung mit dem Thema reicht von der ersten Liebe über die Veränderungen von Freundschafts- und Familienbeziehungen in der Adoleszenz, Eifersucht in Freundschaften bis hin zu Erwartungen an beste Freundinnen oder Freunde. Im Arbeitsheft wird der Genitiv eingeführt. Zudem werden die Inhalte und der Wortschatz des Themenbuchs geübt sowie die Analyse von Haupt- und Nebensätzen repetiert und vertieft.
Hörverstehen	Die Hörtexte werden vorentlastet, indem sich die Lernenden Gedanken dazu machen, was eine Liebesbeziehung für sie bedeutet und was ihnen dabei wichtig ist → **Kap. 5.1.1** . Im ersten Teil des Hörverstehens wird in einer Radiosendung ein Jugendpsychologe zum Thema «erste Liebe» interviewt. Beim zweimaligen Hören müssen die schriftlich gegebenen Interviewfragen in die richtige Reihenfolge gebracht, Stichwörter notiert und über das Interview diskutiert werden. Im zweiten Teil erzählen vier Jugendliche von ihrem ersten Verliebtsein. Kurze Texte im Themenbuch müssen den Stimmen zugeordnet werden. Beim nächsten Hören werden die Schlüsselwörter in den kurzen Texten markiert → **Kap. 5.1** . Im Arbeitsheft wird der neue Wortschatz geübt und es wird auf die Unterscheidung zwischen Umgangs- und Standardsprache sensibilisiert.
Leseverstehen	Ein Zeitschriftenartikel geht auf die Frage ein, wie sich in der Adoleszenz die Bedeutung von familiären Beziehungen und von Freundschaften zu Gleichaltrigen verändert. Der Text im Themenbuch sollte von allen bearbeitet werden, da er für den Test am Ende der Einheit vorausgesetzt wird → **Kap. 5.2.4** . Leistungsstärkere Lernende können zusätzlich einen Text aus dem Zusatzmaterial bearbeiten. Die Texte im Zusatzmaterial können auch für ein Gruppenpuzzle genutzt werden → **Kap. 5.2** . Im Arbeitsheft werden die Bildung und Verwendung der Genitivform eingeführt und geübt.
Dialogisches Sprechen	Im ersten Dialog erzählt ein Junge einem Freund von seinem Frust darüber, dass ein anderer Freund neuerdings seine ganze Freizeit mit der neuen Freundin verbringt. Im zweiten Dialog beklagt sich ein Mädchen bei ihrer besten Freundin, weil diese nun noch eine andere beste Freundin hat. In beiden Szenen versuchen die Angesprochenen, das Problem zu entschärfen. Nach dem Einüben und Vorspielen eines Dialogs schreiben die Lernenden einen Paralleldialog → **Kap. 6.2.2** . Im Arbeitsheft wird die Analyse von Haupt- und Nebensätzen vertieft. Wiederholt werden der Aussage- und der Fragesatz (mit und ohne Fragewort), der Nebensatz vor und nach dem Hauptsatz sowie der eingeschobene Nebensatz. Neu werden die Nebensätze ersten und zweiten Grades eingeführt.
Monologisches Sprechen	Die Lernenden bereiten auf der Grundlage von einem der vier Sachtexte einen Vortrag vor. Leistungsschwächere Lernende bearbeiten den Vortrag zum Thema «Freundschaft und Familie». Leistungsstärkere Lernende beschäftigen sich mit den drei Texten aus dem Zusatzmaterial → **Kap. 5.2** . Den Vortragstext schreiben die Lernenden anhand eines Scaffolds, das sich stark an den Sachext anlehnt. Der Vortragstext sollte vollständig korrigiert und von den Lernenden fast auswendig vorgetragen werden → **Kap. 6.1.1** . Anhand der mündlichen Rückmeldungen der Zuhörenden notiert die vortragende Person Verbesserungsmöglichkeiten.
Schreiben	In zwei Mustertexten beschreiben zwei Jugendliche ihre Vorstellungen von einer guten Freundschaft. Michael, der selbst keinen besten Freund hat, erzählt im Konjunktiv II, wie ein bester Freund sein müsste. Rahel hat eine beste Freundin und schildert, was ihr in dieser Freundschaft wichtig ist. Die Lernenden lesen die Texte, analysieren deren Aufbau und markieren Aussagen, denen sie zustimmen. Für den eigenen Text orientieren sie sich an einem der beiden Mustertexte sowie an der Textstruktur und den Textbausteinen → **Kap. 6.2.2** .

6 Was tut dir gut?

Themenbuch

Lernbereich	Titel	Inhalt
Hörverstehen	Spass an Fitness	– Den Vortrag zum Thema «Ich war fast süchtig nach Fitness» verstehen – Notizzettel zum Vortrag in richtiger Reihenfolge nummerieren und ergänzen – Über den Vortrag sprechen
Leseverstehen	Gesundheitsberatung	– Das Interview zum Thema «Beratung in der Apotheke» verstehen – Informationen im Text suchen und verstehen – Den Text zusammenfassen
Dialogisches Sprechen	Meine Eltern sind dagegen	– Den Dialog verstehen, in dem sich ein Junge ein Tattoo stechen lassen will – Eine Situation wählen und sich über den dort beschriebenen Gestaltungseingriff am eigenen Körper informieren – Anhand eines Scaffolds einen Paralleldialog schreiben, auswendig lernen und vorspielen
Monologisches Sprechen	Vortrag: Beratung in einer Apotheke	– Sich nochmals mit dem Lesetext auseinandersetzen – Auf dem Computer Folien für den Vortrag gestalten – Den Vortragstext anhand eines Scaffolds schreiben, den Vortrag üben und halten – Rückmeldungen geben und annehmen
Schreiben	Den eigenen Körper gestalten	– Den Text zum Thema «den eigenen Körper gestalten» verstehen – Struktur des Mustertexts erkennen – Einen Paralleltext schreiben mithilfe des Mustertexts, eines Scaffolds sowie der Ideen und Formulierungen aus dem Arbeitsheft
Landeskunde	Einige Fakten zur Schweizer Politik	– Die drei politischen Ebenen in der Schweiz (Bund, Kantone, Gemeinden) kennen lernen – Die Entwicklung des Stimm- und Wahlrechts in der Schweiz verstehen

Arbeitsheft

Titel	Inhalt
Positives Körperbild	– Eine Definition des Begriffs *Körperbild* verstehen – Sätze mit *zwar* und *aber* bilden, die ein positives Körperbild fördern – Den Text einer Bloggerin zu einem positiven Körperbild verstehen und dazu Stellung nehmen – Kurze Texte mit Ratschlägen für ein positives Körperbild verstehen – Darüber diskutieren, worauf es im Leben ankommt
Nebensätze mit *seit/seitdem*	– *Seit* und *seitdem* als Konjunktion verstehen und in Nebensätzen anwenden – *Seit* als Präposition verstehen und in Präpositionalobjekten anwenden
Die Packungsbeilage	– Eine (vereinfachte) Packungsbeilage verstehen – Spezifisches Vokabular aus Packungsbeilagen verstehen – Den Standardsatz «Dies ist ein zugelassenes Arzneimittel …» verstehen und nachsprechen
Würdest du das tun?	– Wortschatz zum Thema «den Körper gestalten» verstehen – Darüber diskutieren, was man ausprobieren würde und was nicht
Politische Rechte in der Schweiz	– Entwicklung des Stimm- und Wahlrechts für niedergelassene Ausländerinnen und Ausländer kennen

Zusatzmaterial

Titel	Inhalt
Gesundheitsberatung 1–3	– Lesetexte analog zum Text und den Aufgaben im Themenbuch: 1. «Beratungsstelle *kokon*» 2. «Fachstelle für Ernährungsberatung» 3. «Fachstelle *Lust und Frust*»
Vorträge 1–3	– Vorträge zu den drei Lesetexten analog zum Vortrag und den Aufgaben im Themenbuch
Rückmeldungen zum Vortrag	– Formulierungen zur Vorbereitung der mündlichen Rückmeldungen aus dem Publikum

Einleitung	Diese Themeneinheit gibt Anlass zur Auseinandersetzung darüber, was einem persönlich psychisch und physisch guttut und wo man bei Problemen Hilfe bekommt. Ein wesentlicher Teil der Einheit widmet sich dem Thema Körpergestaltung und regt zur Reflexion über Eingriffe und Idealbilder an. Im Arbeitsheft werden Nebensätze mit *seit/seitdem* und Präpositionalobjekte mit *seit* eingeführt und geübt. Die weiteren Übungen dienen der Vertiefung der Inhalte und des neuen Wortschatzes.
Hörverstehen	Der Hörtext enthält einen Vortrag zum Thema «Ich war fast süchtig nach Fitness». Zur Vorentlastung lesen die Lernenden das Programm des Gesundheitstages und bilden Hypothesen über die Inhalte der Programmpunkte. Weiter wird der Begriff *Fitnesstraining* erklärt. Im Themenbuch sind die Notizzettel mit Stichworten zum Vortrag abgebildet. Zuerst müssen diese in der richtigen Reihenfolge nummeriert und beim zweiten Hören ergänzt werden. Anschliessend fassen die Lernenden den Vortrag anhand der Stichworte mündlich zusammen → **Kap. 5.1**. Im Arbeitsheft wird das im Vortrag erwähnte Thema «positives Körperbild» weiter vertieft. An dieser Stelle werden auch *seit* und *seitdem* als Konjunktionen eingeführt und in Nebensätzen geübt. Ebenso wird die Funktion von *seit* als Präposition erklärt und in Präpositionalobjekten angewendet.
Leseverstehen	Im Interview wird eine Pharma-Assistentin zu den Beratungsgesprächen befragt, die in Apotheken angeboten werden. Die Lernenden erfahren darin, wie sie selbst eine solche Beratung nutzen könnten. Der Text im Themenbuch sollte von allen bearbeitet werden, da er für den Test am Ende der Einheit vorausgesetzt wird → **Kap. 5.2.4**. Leistungsstärkere Lernende können zusätzlich einen Text aus dem Zusatzmaterial bearbeiten. Die Texte im Zusatzmaterial können auch für ein Gruppenpuzzle genutzt werden → **Kap. 5.2**. Im Arbeitsheft werden der Aufbau und das spezifische Vokabular von Packungsbeilagen behandelt.
Dialogisches Sprechen	Im Dialog erzählt ein Jugendlicher einem Kollegen, dass er sich ein Tattoo stechen lassen will. Da es sich um eine dauerhafte Veränderung handelt, stellt der Kollege kritische Fragen und erfährt, dass auch die Eltern dagegen sind. In den vorgegebenen Situationen will jeweils eine Person gegen den Willen der Eltern eine dauerhafte Körpergestaltung vornehmen. Die Lernenden wählen eine Situation aus und informieren sich im Internet über den Eingriff. Anschliessend schreiben sie anhand eines Scaffolds ihren Paralleldialog → **Kap. 6.2.2**, lassen ihn korrigieren, üben ihn ein und spielen ihn vor → **Kap. 6.1.1**.
Monologisches Sprechen	Die Lernenden bereiten auf der Grundlage von einem der vier Interviews einen Vortrag vor. Leistungsschwächere Lernende bearbeiten den Vortrag mit dem Titel «Beratung in der Apotheke». Leistungsstärkere Lernende beschäftigen sich mit den drei Interviews aus dem Zusatzmaterial → **Kap. 5.2**. Den Vortragstext schreiben die Lernenden anhand eines Scaffolds, das sich stark an den Text anlehnt. Der Vortragstext sollte vollständig korrigiert und von den Lernenden fast auswendig vorgetragen werden → **Kap. 6.1.1**. Anhand der mündlichen Rückmeldungen der Zuhörenden notiert die vortragende Person Verbesserungsmöglichkeiten.
Schreiben	Als Vorbereitung wird zuerst im Arbeitsheft das Kapitel «Würdest du das tun?» bearbeitet. Hier sammeln die Lernenden Ideen, über welche Veränderungen am Körper sie schreiben könnten. Zudem werden sie mit unterschiedlichen Haltungen zum Thema konfrontiert und müssen dazu Stellung nehmen. Nach der Lektüre und Analyse des Texts von Tarik dienen der Mustertext, die Aufgaben im Arbeitsheft sowie ein Scaffold als Hilfe für das Verfassen des eigenen Texts → **Kap. 6.2.2**.

7 Vom Feld auf den Teller

Themenbuch

Lernbereich	Titel	Inhalt
Hörverstehen	Wie kommen die Lebensmittel in den Supermarkt?	– Das Interview mit dem Filialleiter eines Supermarkts verstehen – Interviewfragen in der richtigen Reihenfolge nummerieren – Stichworte aus den Antworten den Fragen zuordnen
Leseverstehen	Lebensmittel und Umweltbelastung	– Den Sachtext zum Thema «Lebensmittel aus aller Welt» verstehen – Informationen im Text suchen und verstehen – Den Text zusammenfassen
Dialogisches Sprechen	Das esse ich nicht	– Einen Dialog verstehen, in dem ein Mädchen wegen einer Allergie einen Kuchen ablehnt – Anhand eines Scaffolds einen Paralleldialog schreiben, auswendig lernen und vorspielen
Monologisches Sprechen	Vortrag: Lebensmittel aus aller Welt	– Sich nochmals mit dem Sachtext auseinandersetzen – Auf dem Computer Folien für den Vortrag gestalten – Den Vortragstext anhand eines Scaffolds schreiben, den Vortrag üben und halten – Rückmeldungen geben und annehmen
Schreiben	Pro und contra Fertiggerichte	– Eine Stellungnahme zum Thema verstehen – Die Struktur des Mustertexts erkennen – Eine eigene Stellungnahme mithilfe eines Scaffolds und der gesammelten Argumente schreiben
Landeskunde	Direkt vom Feld auf den Teller	– Kurze Texte über einen Schrebergarten, eine Gemüsekooperative, einen Hofladen und einen Wochenmarkt verstehen

Arbeitsheft

Titel	Inhalt
Nebensätze mit *während*, *nachdem* und *bevor*	– Nebensätze mit *während*, *nachdem* und *bevor* verstehen und in einem Text erkennen – Nebensätze mit *während*, *nachdem* und *bevor* durch Präpositionalobjekte ersetzen – Wechselspiel: Nebensätze und Präpositionalobjekte einüben
Satzanalyse: Satzglieder	– Verbstellung und Verschiebung von Satzgliedern im einfachen Satz repetieren – Satzglieder (= Ergänzungen) und Nebensätze als Antworten auf Fragen zu den Verbteilen (= Prädikat) verstehen – Satzgliedern das entsprechende Fragewort zuordnen
Klimaerwärmung und CO_2	– Einen von drei Texten zum Thema verstehen und vorlesen üben – Texte in einer Dreiergruppe vorlesen und darüber diskutieren – Eine Liste über Vor- und Nachteile von Lebensmitteltransporten erstellen
Die n-Deklination	– Regelmässige Deklination wiederholen – Endungen der n-Deklination kennen – Erkennen, welche Nomen zur n-Deklinationen gehören

Titel	Inhalt
Wörter und Bedeutungen	– Wortschatz für Mustertexte im Themenbuch bearbeiten – Bewusstsein für mehrdeutige Wörter und Synonyme entwickeln
Pro und contra vegane Ernährung	– Argumente zum Thema sammeln und eine Stellungnahme schreiben

Zusatzmaterial

Titel	Inhalt

Lebensmittel und Umweltbelastung 1–3	– Lesetexte analog zum Text und den Aufgaben im Themenbuch:
	  1. «Foodwaste»
	  2. «Wasserverbrauch in der Landwirtschaft»
	  3. «Lebensmittelverpackungen»

Vorträge 1–3	– Vorträge zu den drei Lesetexten analog zum Vortrag und den Aufgaben im Themenbuch
Rückmeldungen zum Vortrag	– Formulierungen zur Vorbereitung der mündlichen Rückmeldungen aus dem Publikum

Einleitung	Die Einheit zeigt einerseits auf, dass der Weg von Nahrungsmitteln unterschiedlich lang sein kann und was dies für die Umweltbelastung bedeutet. Anderseits werden spezielle Ernährungsthemen angesprochen, zum Beispiel Allergien, vegetarische und vegane Ernährung usw. Im Arbeitsheft werden Nebensätze mit *während*, *nachdem* und *bevor* sowie die n-Deklination eingeführt. Weitere Kapitel wiederholen und vertiefen bereits behandelte Themen.
Hörverstehen	Im Hörtext präsentiert eine Schülergruppe ihr Interview mit dem Filialleiter eines Supermarkts. Die Fragen betreffen die Abläufe bei der Warenbestellung und die Wahl der Produkte. Überlegungen zum Import von Lebensmitteln führen an das Thema Nachhaltigkeit heran, das in dieser Einheit weiter vertieft wird. Als Vorentlastung werden die Lernenden nach ihrem Vorwissen und ihren offenen Fragen zum Titel «Wie kommen die Lebensmittel in den Supermarkt?» gefragt. Eine weitere Aufgabe führt zentrale Begriffe aus dem Interview ein. Zuordnungsaufgaben unterstützen die Inhaltserfassung → Kap. 5.1. Im Arbeitsheft wird der Nebensatz mit *während*, *nachdem* und *bevor* eingeführt und geübt. Eine Satzanalyse vertieft das Verständnis von Satzgliedern und Verbteilen.
Leseverstehen	Der Sachtext behandelt das Thema «Lebensmittel aus aller Welt». Im Zentrum stehen die Vor- und Nachteile der zunehmenden Lebensmitteltransporte. Der Text im Themenbuch sollte von allen bearbeitet werden, da er für den Test am Ende der Einheit vorausgesetzt wird → Kap. 5.2.4. Leistungsstärkere Lernende können zusätzlich einen Text aus dem Zusatzmaterial bearbeiten. Die Texte im Zusatzmaterial können auch für ein Gruppenpuzzle genutzt werden → Kap. 5.2. Im Arbeitsheft werden in kurzen Texten die Begriffe *Klimaerwärmung*, *Luftverschmutzung* und *Treibhauseffekt* erklärt, um das Verständnis des Zusammenhangs von Lebensmittelkonsum und Umweltbelastung zu vertiefen. Zudem wird die n-Deklination behandelt.
Dialogisches Sprechen	Im Dialog wird einem Mädchen ein Kuchen angeboten, den sie aufgrund einer Nahrungsmittelallergie ablehnt. Die Begriffe *Lebensmittelallergie* und *-intoleranz* sowie *vegetarische* und *vegane Ernährung* werden erklärt. Diese Essenseinschränkungen dienen als Ideen für den Paralleldialog → Kap. 6.2.2. Als Grund, ein Lebensmittel abzulehnen, können die Lernenden auch andere Gewohnheiten wählen, wie zum Beispiel den Verzicht auf Schweinefleisch. Nach der Korrektur werden die Dialoge geübt und der Klasse vorgetragen → Kap. 6.1.1.
Monologisches Sprechen	Die Lernenden bereiten auf der Grundlage von einem der vier Sachtexte einen Vortrag vor. Leistungsschwächere Lernende bearbeiten den Vortrag mit dem Titel «Lebensmittel aus aller Welt». Leistungsstärkere Lernende beschäftigen sich mit den drei Texten aus dem Zusatzmaterial → Kap. 5.2. Den Vortragstext schreiben die Lernenden anhand eines Scaffolds, das sich stark an den Sachtext anlehnt. Der Vortragstext sollte vollständig korrigiert und von den Lernenden fast auswendig vorgetragen werden → Kap. 6.1.1. Anhand der mündlichen Rückmeldungen der Zuhörenden notiert die vortragende Person Verbesserungsmöglichkeiten.
Schreiben	Zuerst werden im Arbeitsheft Schlüsselwörter für den Schreibauftrag eingeführt. In Bezug auf diesen Wortschatz werden zwei Phänomene thematisiert: mehrdeutige Wörter und Synonyme. Zur Schreibvorbereitung sammeln die Lernenden in einer Liste Argumente für und gegen Fertiggerichte. Anschliessend lesen sie zwei kurze Texte. Der erste Text plädiert für den Konsum von Fertiggerichten, der zweite listet einige Nachteile auf. Im Mustertext werden die beiden Positionen zu einer Stellungnahme mit einer eigenen Meinung verarbeitet. Ein Scaffold leitet zum Schreiben einer eigenen Stellungnahme an → Kap. 6.2.2. Das Verfassen einer Stellungnahme wird danach im Arbeitsheft anhand des Themas «Pro und contra vegane Ernährung» erneut geübt.

8 Der Weg in die Berufswelt

Themenbuch

Lernbereich	Titel	Inhalt
Hörverstehen	Auf dem Weg zur Lehrstelle	– Das Interview mit zwei Ausbildungsverantwortlichen zum Selektionsverfahren für eine Lehrstelle verstehen – Dem Hörtext Informationen zu vorgegebenen Fragen entnehmen
Leseverstehen	Berufswahl und berufliche Grundbildung	– Den Sachtext zum Thema «Wenn es in der Lehre nicht läuft» verstehen – Informationen im Sachtext suchen, verstehen und den Text zusammenfassen
Dialogisches Sprechen	Das Bewerbungsgespräch	– Das Bewerbungsgespräch für eine Lehrstelle als Logistiker verstehen – Fragen verstehen und beurteilen, welche sinnvoll sind – Einen Paralleldialog schreiben, auswendig lernen und vorspielen
Monologisches Sprechen	Vortrag: Wenn es in der Lehre nicht läuft	– Sich nochmals mit dem Sachtext auseinandersetzen – Auf dem Computer Folien für den Vortrag gestalten – Den Vortragstext schreiben, den Vortrag üben und halten – Rückmeldungen geben und annehmen
Schreiben	Meine Bewerbung für eine Lehrstelle	– Zwei Bewerbungsbriefe verstehen und deren Struktur erkennen – Formulierungen markieren, die für ein eigenes Bewerbungsschreiben genutzt werden können
Landeskunde	Meine Rechte und Pflichten in der Lehre	– Die Broschüre zur Berufsausbildung verstehen

Arbeitsheft

Titel	Inhalt
Auf dem Weg zur Lehrstelle	– Eine Checkliste zur Einschätzung von Schnuppernden verstehen – Aufgrund der ausgefüllten Checkliste diskutieren, welche Person man zu einem Bewerbungsgespräch einladen würde
Verben mit festen Verbindungen 3	– Verben verstehen und benützen
Verben im Futur I und Futur II	– Nachvollziehen, was durch Futur I und Futur II ausgedrückt wird – Futur I und II bilden und Stellung der Verben beachten
Zeitenfolge	– Zwei Sätze in eine Abfolge (vorher – nachher) bringen – Zeitenfolge bei verschiedenen Zeitformen verstehen – Zusammengesetzte Sätze mit verschiedenen Zeitformen ergänzen – Verben im Plusquamperfekt in Nebensätzen ergänzen – Haupt- und Nebensätze im Präteritum und Plusquamperfekt erkennen
Satzanalyse: Vertiefung	– Haupt- und Nebensätze erkennen – Satzgliedern und Nebensätzen das entsprechende Fragewort zuordnen
Passt das?	– In einem Bewerbungsbrief unangemessene Ausdrücke markieren – Auswahl begründen und passendere Formulierungen finden
Mein Bewerbungsbrief für eine Lehrstelle	– Sich über einen Beruf informieren – Anhand eines Scaffolds einen Bewerbungsbrief schreiben
Meine Rechte und Pflichten in der Lehre	– Einen Text zum Thema «Absenzen in der Lehre» verstehen – Textstruktur erkennen – Zu einem anderen vorgegebenen Thema recherchieren – Einen Paralleltext schreiben

Zusatzmaterial

Titel	Inhalt

Berufswahl und berufliche Grundbildung 1–3	– Lesetexte analog zum Text und den Aufgaben im Themenbuch:
	  1. «Zur Öffnung der Berufswelt für die Frauen»
	  2. «Nur wenige beliebte Berufe»
	  3. «Wenn es auf dem Weg zur Lehrstelle Probleme gibt»

Vorträge 1–3	– Vorträge zu den drei Lesetexten analog zum Vortrag und den Aufgaben im Themenbuch
Rückmeldungen zum Vortrag	– Formulierungen zur Vorbereitung der mündlichen Rückmeldungen aus dem Publikum

Einleitung	Mit den Inputs und Aufgaben zur Berufswahl erwerben die Jugendlichen einerseits sprachliche Mittel, die für den Bewerbungsprozess von Bedeutung sind. Anderseits erfahren sie, worauf es bei Bewerbungen ankommt, wie man mit Schwierigkeiten in der Lehre umgehen und wo man sich über die eigenen Rechte und Pflichten informieren kann. (Für weitere Informationen über Berufe siehe auch *berufsbilder.ch*, *berufsberatung.ch*.) Die Aufgaben im Arbeitsheft dienen vor allem der Vertiefung der Inhalte. Neu eingeführt werden das Futur I und II und die Zeitenfolge beim Wechsel zwischen verschiedenen Zeitformen. Zudem werden die Verben mit festen Verbindungen und die Satzanalyse wieder aufgenommen.
Hörverstehen	In der Radiosendung werden zwei Ausbildungsverantwortliche aus unterschiedlichen Berufen befragt, worauf bei Bewerbungen, Vorstellungsgesprächen und Schnuppertagen geachtet wird. Als Vorentlastung werden zentrale Begriffe aus dem Interview geklärt und das Vorwissen aktiviert. Das Interview wird etappenweise gehört: Zu jedem Teil lesen die Lernenden Fragen, die durch gezieltes Hörverstehen beantwortet werden können. Beim zweiten Hördurchgang notieren sie, was einen guten oder schlechten Eindruck macht → Kap. 5.1. Im Arbeitsheft versetzen sich die Lernenden in die Lage eines Ausbildungsverantwortlichen. Drei Bewerbende haben bei ihm eine Schnupperlehre absolviert, wobei er die Einschätzung ihrer Fähigkeiten in einer Checkliste festgehalten hat. Anhand dieser Checkliste wird diskutiert, welche Person im Selektionsprozess weiterkommt.
Leseverstehen	Der Sachtext setzt sich mit dem Thema Lehrabbruch auseinander und zeigt auf, wie bei Problemen in der Lehre Lösungen gefunden werden können. Der Sachtext im Themenbuch sollte von allen bearbeitet werden, da er für den Test am Ende der Einheit vorausgesetzt wird → Kap. 5.2.4. Leistungsstärkere Lernende können zusätzlich einen Text aus dem Zusatzmaterial bearbeiten. Die Texte im Zusatzmaterial können auch für ein Gruppenpuzzle genutzt werden → Kap. 5.2. Im Arbeitsheft werden das Futur I und II eingeführt.
Dialogisches Sprechen	Der Dialog besteht aus einem langen Vorstellungsgespräch, in dem sich jemand als Logistiker bewirbt. Nach dem Hören lesen die Lernenden Fragen an den Lehrbetrieb. Es gilt zu beurteilen, welche Fragen sinnvoll sind. Der Beispieldialog wird als Muster für einen Paralleldialog verwendet, indem markierte Teile durch eigene Inhalte ersetzt und allgemeine Formulierungen übernommen werden → Kap. 6.2.2. Im Arbeitsheft wird die Zeitenfolge von aufeinanderfolgenden Handlungen behandelt. Zudem wird die Satzanalyse aus Einheit 7 vertieft.
Monologisches Sprechen	Die Lernenden bereiten auf der Grundlage von einem der vier Sachtexte einen Vortrag vor. Leistungsschwächere Lernende bearbeiten den Vortrag zum Thema «Wenn es in der Lehre nicht läuft». Leistungsstärkere Lernende beschäftigen sich mit den drei Texten aus dem Zusatzmaterial → Kap. 5.2. Den Vortragstext schreiben die Lernenden anhand eines Scaffolds, das sich stark an den bearbeiteten Sachtext anlehnt. Der vollständig korrigierte Vortragstext wird von den Lernenden fast auswendig vorgetragen → Kap. 6.1.1. Anhand der mündlichen Rückmeldungen der Zuhörenden notiert die vortragende Person Verbesserungsmöglichkeiten.
Schreiben	Im Themenbuch lesen die Lernenden zwei Bewerbungsbriefe, analysieren deren Struktur und markieren Formulierungen, die sie für ihre eigene Bewerbung benutzen können. Anschliessend lesen sie im Arbeitsheft eine unvorteilhafte Bewerbung, die mehrere Ausdrücke in mündlicher, informeller Sprache enthält. Nach dieser Übung zur Sensibilisierung auf eine adäquate Ausdrucksweise verfassen sie anhand eines Scaffolds ihr eigenes Bewerbungsschreiben → Kap. 6.2.2.

9 Geschichten

Themenbuch

Lernbereich	Titel	Inhalt
Hörverstehen	Menschen mögen Geschichten	– Den Vortrag zum Thema «Warum der Mensch Geschichten mag» verstehen – Notizzettel zum Vortrag in richtiger Reihenfolge nummerieren und ergänzen – Über den Vortrag sprechen
Leseverstehen	Eine Sage aus dem Kanton Uri	– Die Sage *Die Teufelsbrücke* verstehen – Informationen im Text suchen und verstehen – Die Sage zusammenfassen
Dialogisches Sprechen	Ich finde diese Serie einfach ...	– Den Dialog über Serien verstehen und vorspielen – Anhand eines Scaffolds einen Paralleldialog schreiben, in dem zwei Personen unterschiedlicher Meinung in Bezug auf Vorlieben des Medienkonsums sind
Monologisches Sprechen	Vortrag: Eine Sage	– Sich nochmals mit dem Lesetext auseinandersetzen – Auf dem Computer Folien für den Vortrag gestalten – Den Vortragstext anhand eines Scaffolds schreiben, den Vortrag üben und halten – Rückmeldungen geben und annehmen
Schreiben	Über einen Kurzfilm schreiben	– Den Kurzfilm *Schwarzfahrer* schauen – Eine Zusammenfassung des Kurzfilms verstehen – Struktur des Mustertexts erkennen – Den Kurzfilm *The Cookie Thief* schauen und anhand eines Scaffolds zusammenfassen
Landeskunde	Internationale Kurzfilmtage Winterthur / Kurzfilmnacht Schweiz	– Die Internationalen Kurzfilmtage Winterthur und die Kurzfilmnacht Schweiz kennen lernen – Auf den entsprechenden Websites zusätzliche Informationen recherchieren

Arbeitsheft

Titel	Inhalt
Geschichten in meinem Leben	– Eigene Lieblingsgeschichten analysieren nach Hauptfigur, Problem und Lösung – Anhand von Redemitteln über die eigene Lieblingsgeschichte sprechen
Vier Sorten von Geschichten	– Die Merkmale von Sagen, Fabeln, Märchen und Kurzgeschichten kennen lernen – Gemeinsamkeiten und Unterschiede der vier Sorten von Geschichten erkennen und darüber sprechen – Anfänge von Geschichten den vier Sorten zuordnen und begründen
Wie nennt man das?	– Adjektive aus der Sage *Die Teufelsbrücke* verstehen und benützen
Wie findet er das? Wie findet sie das?	– Wechselspiel: den persönlichen Geschmack in Bezug auf bestimmte Unterhaltungsmedien zum Ausdruck bringen und begründen
Und dann ... und dann ... und dann ...	– Zwei Zusammenfassungen eines Kurzfilms sprachlich vergleichen und bewerten – Zeitadverbien und Konjunktionen zur Gestaltung eines Texts erkennen und analysieren
Über einen Kurzfilm schreiben	– Die unstrukturierte Zusammenfassung eines Kurzfilms verstehen – Die Sätze der Zusammenfassung vorgegebenen Unterthemen zuordnen – Anhand der Zuordnung die Zusammenfassung in drei Abschnitten schreiben

Zusatzmaterial

Titel	Inhalt

Vier Sorten von Geschichten 1–3	– Lesetexte analog zum Text und den Aufgaben im Themenbuch:
	  1. Eine Kurzgeschichte: *Spaghetti für zwei*
	  2. Eine Fabel: *Die Grille und die Ameise*
	  3. Ein Märchen: *Des Kaisers neue Kleider*

Vorträge 1–3	– Vorträge zu den drei Lesetexten analog zum Vortrag und den Aufgaben im Themenbuch
Rückmeldungen zum Vortrag	– Formulierungen zur Vorbereitung der mündlichen Rückmeldungen aus dem Publikum

III

Einleitung

Das Thema Geschichten wird aus verschiedenen Perspektiven beleuchtet. Im Hörverstehen geht es um die Funktion von Geschichten bei der Weitergabe von Informationen. Der Rest der Einheit widmet sich literarischen Formen wie Sagen, Fabeln, Märchen sowie Kurzgeschichten, Filmen und Serien.

Die Aufgaben im Arbeitsheft dienen der Vorbereitung oder Vertiefung der Inhalte im Themenbuch.

Hörverstehen

Eine Kommunikationsberaterin hält einen Vortrag zum Thema «Warum der Mensch Geschichten mag». Darin erklärt sie, warum wir uns Informationen in Form von Geschichten besser merken können als nackte Fakten. Als Vorentlastung dient das Assoziieren zu Bildern, die Menschen aus verschiedenen Zeiten beim Erzählen und Hören von Geschichten zeigen. Zudem lesen die Lernenden den ersten Abschnitt des Hörtexts, um einen leichteren Einstieg ins Thema zu finden → Kap. 5.1.1 . Die Aufgaben zu den verschiedenen Hördurchgängen umfassen das Ordnen und Ergänzen von Notizzetteln zum Vortrag sowie eine Diskussion über das Verstandene → Kap. 5.1 .

Im Arbeitsheft wird der Aufbau von Geschichten (Hauptfigur[en] – Problem – Lösung) vertieft, indem die Lernenden ihre Lieblingsgeschichten aus dem Gedächtnis erzählen und analysieren.

Leseverstehen

Die Jugendlichen lernen die Sage *Die Teufelsbrücke* aus dem Kanton Uri kennen. Der Text im Themenbuch sollte von allen bearbeitet werden, da er für den Test am Ende der Einheit vorausgesetzt wird → Kap. 5.2.4 . Leistungsstärkere Lernende können zusätzlich einen Text aus dem Zusatzmaterial bearbeiten. Die Texte im Zusatzmaterial können auch für ein Gruppenpuzzle genutzt werden → Kap. 5.2 .

Die Aufgaben im Arbeitsheft widmen sich der Wortschatzarbeit mit Adjektiven aus der Sage.

Dialogisches Sprechen

Zuerst wird der Musterdialog über Fernsehserien gehört und gelesen → Kap. 5.1 . Als Vorbereitung zum Verfassen eines eigenen Dialogs üben die Lernenden im Arbeitsheft, ihren persönlichen Geschmack zu beschreiben und zu begründen. Anschliessend schreiben sie ausgehend von Situationskarten und einem Scaffold einen Paralleldialog über Filme, Serien, Romane, Comics, Internetvideos oder Videospiele → Kap. 6.2.2 . Der Dialog wird nach der Korrektur der Klasse vorgespielt → Kap. 6.1.1 .

Im Arbeitsheft werden in einem Wechselspiel das Ausdrücken und Begründen des persönlichen Geschmacks mündlich geübt.

Monologisches Sprechen

Die Lernenden bereiten auf der Grundlage von einem der vier Lesetexte einen Vortrag vor. Leistungsschwächere Lernende bearbeiten den Vortrag mit dem Titel «Eine Sage». Leistungsstärkere Lernende beschäftigen sich mit den drei Texten aus dem Zusatzmaterial → Kap. 5.2 . Den Vortragstext schreiben die Lernenden anhand eines Scaffolds, das sich stark an den Lesetext anlehnt. Der vollständig korrigierte Vortragstext wird fast auswendig vorgetragen → Kap. 6.1.1 . Anhand der mündlichen Rückmeldungen der Zuhörenden notiert die vortragende Person Verbesserungsmöglichkeiten.

Schreiben

Zuerst schauen die Jugendlichen den Kurzfilm *Schwarzfahrer*, lesen eine Zusammenfassung dazu und analysieren die Textstruktur. Als Vorbereitung auf den Schreibauftrag lösen sie Aufgaben im Arbeitsheft. Durch den Vergleich zweier ähnlicher Zusammenfassungen von *Schwarzfahrer* wird die Verwendung von Zeitadverbien und Konjunktionen für eine ansprechende Textgestaltung geübt. Anschliessend analysieren sie eine Filmzusammenfassung ohne sinnvolle Struktur und bringen die Sätze in eine thematisch logische Reihenfolge. Nach diesen Übungen zur Sprache und Textstruktur schreiben sie anhand eines Scaffolds selbst eine Zusammenfassung des Kurzfilms *The Cookie Thief*, den sie zuvor im Internet schauen → Kap. 6.2.2 .

10 Kreativität

Themenbuch

Lernbereich	Titel	Inhalt
Hörverstehen	Vom Hobby zum Beruf	– Das Interview mit einem Fotografen zum Thema «Vom Hobby zum Beruf» verstehen – Etappen des beruflichen Werdegangs in die richtige Reihenfolge bringen – Gleichbedeutende Ausdrücke zuordnen – Ausdrücke im Interview erkennen und die entsprechenden verbalen Wortketten in die richtige Reihenfolge bringen
Leseverstehen	Eine kreative Tätigkeit	– Den Text zum Thema Upcycling verstehen – Informationen im Text suchen und verstehen – Den Text zusammenfassen
Dialogisches Sprechen	Woher hast du das?	– Zwei Dialoge verstehen, in denen eine Person einen originellen, selbst gemachten Gegenstand besitzt und eine andere sich nach der Herkunft erkundigt – Anhand eines Scaffolds einen Paralleldialog über ein anderes kreatives Produkt schreiben
Monologisches Sprechen	Vortrag: Upcycling – aus Alt wird Neu	– Sich nochmals mit dem Sachtext auseinandersetzen – Auf dem Computer Folien für den Vortrag gestalten – Den Vortragstext anhand eines Scaffolds schreiben, den Vortrag üben und halten – Rückmeldungen geben und annehmen
Schreiben	Kreatives Schreiben	– Den Anfang einer Liebesgeschichte verstehen und die Textstruktur erkennen – Anhand von Situationskarten ein Ende der Geschichte wählen und schreiben – Den korrigierten Schluss der Geschichte der Klasse vorlesen
Landeskunde	Ein Jugendkulturhaus	– Das Jugendkulturhaus *Dynamo* in Zürich kennen lernen – Über ein ähnliches Angebot in der eigenen Umgebung recherchieren und ein Plakat dazu gestalten

Arbeitsheft

Titel	Inhalt
Projekt: Liebesroman	– In 10 Schritten einen Liebesroman planen, schreiben, überarbeiten und gestalten: 1. In der Klasse den Steckbrief für das Liebespaar ausfüllen 2. In der Klasse vorgegebene Kapiteltitel mit Inhaltsangaben lesen und die Autorinnen und Autoren der Kapitel bestimmen (wenn möglich Zweiergruppen) 3. Zu zweit Ideen für das eigene Kapitel sammeln, stichwortartig auf Post-it-Zetteln notieren und sortieren 4. Zu zweit das Kapitel anhand der Stichworte mündlich entwickeln, Stichworte ergänzen 5. In der Klasse die Inhalte der Kapitel austauschen, wo nötig anpassen und ergänzen, damit sich eine stimmige Geschichte ergibt 6. Zu zweit die Kapitel schreiben 7. In der Klasse die Kapitel vorlesen, unlogische Übergänge ändern und fehlende Informationen ergänzen 8. Zu zweit das Kapitel überarbeiten 9. In der Klasse einen passenden Titel wählen 10. In der Klasse die Teilaufgaben für die Produktion des Hefts verteilen und das Heft produzieren
Landeskunde im Überblick	– Ein Kreuzworträtsel anhand von Fragen zu den Landeskundeseiten aller Einheiten lösen

Zusatzmaterial

Titel	Inhalt
Eine kreative Tätigkeit 1–3	– Lesetexte analog zum Text und zu den Aufgaben im Themenbuch: 1. «3D-Druck» 2. «Animationsfilme produzieren» 3. «Mode selber designen»
Vorträge 1–3	– Vorträge zu den drei Lesetexten analog zum Vortrag und den Aufgaben im Themenbuch
Rückmeldungen zum Vortrag	– Formulierungen zur Vorbereitung der mündlichen Rückmeldungen aus dem Publikum

III

Einleitung	Diese abschliessende Einheit soll die Jugendlichen nicht nur über das Thema informieren, sondern auch zu eigenen kreativen Tätigkeiten inspirieren. Ein Interview mit einem Fotografen zeigt, wie dieser über Umwege seinen Traum, als Fotograf zu arbeiten, verwirklichen konnte. Die Jugendlichen lernen verschiedene kreative Tätigkeiten kennen und erfahren, wie sie diese Ideen selbst verwirklichen können. Schliesslich wird ihre eigene Kreativität beim freien Schreiben angeregt. Dies wird zuerst im Schreibauftrag im Themenbuch geübt. Danach wird die Lerngruppe oder Klasse im Arbeitsheft in zehn Schritten detailliert angeleitet, gemeinsam einen längeren Liebesroman zu schreiben.
Hörverstehen	Ein Fotograf erzählt im Interview, wie er sein Hobby zum Beruf machen konnte und welchen Schwierigkeiten er dabei begegnet ist. Als Vorentlastung machen sich die Jugendlichen Gedanken darüber, für welche Auftraggeber ein Berufsfotograf wohl arbeitet. Zudem lesen sie die verschiedenen Etappen des Werdegangs und stellen Vermutungen über die mögliche Abfolge der Etappen an. Beim ersten Hören notieren sie, in welcher Reihenfolge der Interviewpartner diese Etappen durchlaufen hat. Zur Verständnisförderung werden gleichbedeutende Ausdrücke miteinander verbunden. Beim nächsten Hördurchgang müssen diese Ausdrücke im Interview wiedererkannt und in die richtige Reihenfolge gebracht werden → Kap. 5.1.
Leseverstehen	Der Sachtext stellt das Upcycling vor. Die Bedeutung des Begriffs wird erklärt und viele Upcycling-Ideen werden beschrieben. Zuletzt wird auch auf den dahinterstehenden Umweltgedanken eingegangen. Der Sachtext im Themenbuch sollte von allen bearbeitet werden, da er für den Test am Ende der Einheit vorausgesetzt wird → Kap. 5.2.4. Leistungsstärkere Lernende können zusätzlich einen Text aus dem Zusatzmaterial bearbeiten. Die Sachtexte im Zusatzmaterial können auch für ein Gruppenpuzzle genutzt werden → Kap. 5.2.
Dialogisches Sprechen	In den beiden Dialogen geht es um Komplimente für einen originellen Gegenstand und um die Frage nach dessen Herkunft. Da der Gegenstand selbst gemacht ist, erkundigt sich die eine Person, wie man ihn herstellt, und schlägt vor, den Gegenstand gemeinsam anzufertigen. Aufgrund von Situationskarten und eines Scaffolds schreiben die Lernenden einen eigenen Dialog → Kap. 6.2.2 und spielen ihn nach der Korrektur vor → Kap. 6.1.1.
Monologisches Sprechen	Die Lernenden bereiten auf der Grundlage von einem der vier Sachtexte einen Vortrag vor. Leistungsschwächere Lernende bearbeiten den Vortrag mit dem Titel «Upcyling – aus Alt wird Neu». Leistungsstärkere Lernende beschäftigen sich mit den drei Texten aus dem Zusatzmaterial → Kap. 5.2. Den Vortragstext schreiben die Lernenden anhand eines Scaffolds, das sich stark an den Sachtext anlehnt. Der Vortragstext sollte vollständig korrigiert und von den Lernenden fast auswendig vorgetragen werden → Kap. 6.1.1. Anhand der mündlichen Rückmeldungen der Zuhörenden notiert die vortragende Person Verbesserungsmöglichkeiten.
Schreiben	Die Jugendlichen lesen den Anfang einer Liebesgeschichte und analysieren die Textstruktur. Anschliessend entscheiden sie sich für eines von vier vorgegebenen Schlussszenarien und schreiben die Geschichte zu Ende. Da sie bei der Entwicklung des Inhalts frei sein sollen, wird das Schreiben nicht durch ein Scaffold gelenkt. Entsprechend liegt der Fokus der Aufgabe nicht auf dem Erwerb neuer Sprachmittel, sondern auf der Freude am kreativen Schreiben → Kap. 6.2.3. Das Arbeitsheft enthält eine Anleitung zum Verfassen eines Liebesromans für eine ganze Klasse oder Lerngruppe. Der Liebesroman kann als Projekt im Rahmen von 14 bis 20 Lektionen geschrieben und gedruckt werden. Das Ziel ist es, dass jeder Schüler und jede Schülerin einen ganzen Liebesroman besitzt, zu dem er oder sie mindestens ein Kapitel beigetragen hat.

Notizen